国家对外文化交流研究丛书

|光明社科文库|

# 东亚文化之都
## 文化强国建设的城市实践

主　编◎张西龙

副主编◎李劲松

光明日报出版社

图书在版编目（CIP）数据

东亚文化之都：文化强国建设的城市实践 / 张西龙主编. -- 北京：光明日报出版社，2023.7
ISBN 978-7-5194-7373-0

Ⅰ.①东… Ⅱ.①张… Ⅲ.①城市文化—文化交流—研究—东亚 Ⅳ.①C912.81

中国国家版本馆CIP数据核字（2023）第133447号

## 东亚文化之都：文化强国建设的城市实践
**DONGYA WENHUA ZHI DU：**
**WENHUA QIANGGUO JIANSHE DE CHENGSHI SHIJIAN**

| 主　　编：张西龙 | |
|---|---|
| 责任编辑：石建峰 | 责任校对：杨　茹　张慧芳 |
| 封面设计：中联华文 | 责任印制：曹　净 |

出版发行：光明日报出版社
地　　址：北京市西城区永安路106号，100050
电　　话：010-63169890（咨询），010-63131930（邮购）
传　　真：010-63131930
网　　址：http://book.gmw.cn
E - mail：gmrbcbs@gmw.cn
法律顾问：北京市兰台律师事务所龚柳方律师
印　　刷：三河市华东印刷有限公司
装　　订：三河市华东印刷有限公司

本书如有破损、缺页、装订错误，请与本社联系调换，电话：010-63131930

| 开　　本：170mm×240mm | |
|---|---|
| 字　　数：155千字 | 印　　张：12.5 |
| 版　　次：2023年7月第1版 | 印　　次：2023年7月第1次印刷 |
| 书　　号：ISBN 978-7-5194-7373-0 | |
| 定　　价：85.00元 | |

版权所有　　翻印必究

# 東亞文化之都

蔡武

东亚文化之都的发起人之一，原文化部部长蔡武先生的题词

# 序

  东亚文化之都是落实中日韩领导人会议共识的重要成果,是配合国家对周边外交工作大局,立足长远,重点打造的东亚区域文化合作品牌活动。东亚文化之都是得到中日韩领导人长期关注并十分赞赏的重大文化项目,对东亚区域稳定与和平发展起着独特作用,开拓了一个"交流合作、彼此欣赏、文化认同"的亚洲文明对话渠道,打造了一个"国之交、民相亲、心相通、情相融"的人文交流新平台,是维护中日韩和平发展的"世代友好工程"。我国的东亚文化之都城市都是最能代表中国文化的城市,是中国形象的一张张城市名片,在国际舞台上弘扬了中华文化、中华气派和中华精神,是我国对外增进外交互信、政治互信、国际互信,以及塑造可信、可爱、可敬的国家形象和提升国家软实力的重要城市网络平台。

  东亚文化之都启动10年来,文化和旅游部坚决贯彻习近平新时代中国特色社会主义思想,特别是对文化旅游领域的讲话精神,秉承着"共创、共建、共享"的理念,务实推动东亚文化之都工作常态化和长期化发展,将中央精神切实落实到东亚文化之都发展之中。推动东亚文化之都高质量发展首先是要与时俱进,服务国家战略,并结合文化强国建设、"十四五"规划要求和文化和旅游部提出的一个工程以及七大体系等内容提出新战略和新要求;其次是服务地方,以东亚文化之都建设为契机,对接城市发展战略；再次是塑造"东亚文化之都"著名国际城市品牌，形成品牌影响力、号召力、竞争力和综合带动力。东亚文化之都是文化强国建设的典范城市，是东亚地区文化中心城市和旅游中心城市，是文旅交流的枢纽城市和引领东亚文化发展的桥头堡，能够服务国内国外两个大局，成为国内国际双循环的引擎城市；最后，东亚文化之都的建设要树立东亚视野，兼顾东亚"区域共同文化"和城市"地方特色文化"两种文化的发展。在突出东亚城市文化的同时，突出城市的个性文化，形成城市文化特色、亮点和新意，塑造一张张具有中国特色的城市名片。同时，东亚文化之都在城市文旅设施等硬件建设，城市多语种服务环境等软件建设方面都需要与东亚地区乃至国际标准接轨。

东亚文化之都是一项和平事业，每一位参与者都是东亚地区和平的使者，都是东亚地区未来和平的基石，为"东亚文化之都"品牌的不断发展壮大贡献自己的智慧。在东亚文化之都的建设中，在文化和旅游部的主导下，当选城市、相关企事业单位和专家学者等交流活动日趋活跃，并做出了积极的贡献。在国际交流和合作局的推动下，2020年10月在扬州召集了文化之都城市代表和专家学者对建立"东亚文化之都联盟"进行了研讨，取得了丰硕的成果。2021年4月在绍兴市文化之都活动年开幕式中，建立了"东亚文化之都工作机制"，设立了秘书处，明确了重点工作任务和发展方向，为东亚文化之都持续发展提供了坚实的组织和制度保障，也为下一步东亚文化之都联盟的成立奠定了基础。与此同时，当选城市通过开幕式、主题月、专场活动、群众文化活动等方式，构建全民创建、全民参与、全民共享的良好格局，实现了持续拓展与日韩人文、经贸等领域的全方位合作交流，以文化交流带动经贸合作，以城市交流助推区域发展。通过东亚文化之都建设，加强城市间文化认同、开阔市民文化视野、提升城市文化自信，为推动中华文化创造性转化、创新性发展，为合力构建亚洲命运共同体作出积极贡献。

除了文化和旅游部以及各个当选城市之外，东亚文化之都建设与发展工作也得到了相关省、区、市的关注与支持，得到了外交部、住建部、文物局等相关部门的支持与协助。在此特别对一直致力于东亚文化之都事业，不计名利和得失的候选城市、部委局和热爱东亚文化之都事业的个人表示最诚挚的敬意。今年是"东亚文化之都"项目实施10周年，文化和旅游部全面梳理和调研已有的工作，统筹东亚文化之都城市和部里的工作，擘画未来发展蓝图。

《东亚文化之都：文化强国建设的城市实践》就是基于东亚文化之都的交流活动和学术活动，收录了25篇关于品牌城市对外文化传播和东亚文化之都发展相关的讲稿，这是一项具有前瞻性、针对性的研究工作，汇聚了各城市代表和专家的专业化、建设性、切实管用的咨政建言，为东亚文化之都创新发展提供了有力的智力支持。我相信，在党和国家的领导下，秉承"东亚视野、文化交融、彼此欣赏"的发展理念，有各部委和地方政府的支持，有我们优秀而敬业的城市建设团队和专业化的专家队伍，"东亚文化之都"品牌的影响力将越来越大，愿意加入这个"朋友圈"的城市越来越多，东亚文化之都事业一定会行稳致远！

2023年7月

# 前　言

　　文化强国是指一个国家有着强大完整的国家文化体系，其文化被世界其他国家接受、吸纳和借鉴，形成强大的文化力量，在国际上表现出强大的文化辐射与传播力量，具有国际先进文化的引领作用。这种力量既表现为具有高度文化素养的国民，也表现为发达的文化产业，还表现为强大的文化软实力。《中共中央关于制定国民经济和社会发展第十四个五年规划和二〇三五年远景目标的建议》中明确提出了"到2035年建成文化强国"的目标。这是党的十七届六中全会提出建设社会主义文化强国以来，党中央首次明确了建成文化强国的具体时间，并以专门章节阐释"繁荣发展文化事业和文化产业，提高国家文化软实力"，为今后文化发展谋篇布局、擘画蓝图。文化强国建设的基本逻辑是建设文化强市和文化强县，反之，唯有文化强市和文化强县方能支撑我国社会主义文化强国建设。这为东亚文化之都的发展提供了重大的参与机会，文化之都是一种比文化城市更高级和更高水平的文化城市形态。可见，我国东亚文化之都建设是落实党中央关于文化强国建设的重大举措，并有望成为社会主义文化强国建设的典范城市，带动周边城市文化的共同发展。通过我国东亚文化之都城市团队，讲好中国城市故事，传播好中国声音。

　　为全面贯彻党的十九大和十九届二中、三中、四中、五中、六中全会精神，增强"四个意识"、坚定"四个自信"、做到"两个维护"，统筹推进"五位一体"总体布局，协调推进"四个全面"战略布局，以及贯彻中日韩三国领导人会议精神，文化和旅游部以文化强国建设为目标指引，立足东亚地区，面向世界、面向未来，持之以恒地推动东亚文化之都管理工作规范化和常态化，推动当选城市高质量发展和国际化发展。主要工作包括：一是保护好地方文化资源和地方特色文化，一方面，在世界舞台上传承和弘扬中华优秀传统文化，传播当代中国价值观念，展示中华文化独特魅力。另一方面，促进我国城市居民对接东亚文化，获得国际视野，融入国际生活；二是推动国内城市文化建设，以文化引导城市有机更新，构建城市文化精神，鼓励市民文化参与，引导市民形成积极的生活态度，实现"以文化人、以文惠民、以文兴业、以文旺城、以文交友"，提高国民文化归属感和自豪感，打造城市美好文化生活；三是统筹国内国际，进一步加强国际文化交流与合作、增进与周边国家的了解与友谊；四是通过东亚文化之都实现艺术普及、全民美育，发挥对东亚文化交流与互学互鉴的引领与示范作用，以文化交流促进国家之间文明对话。在此基础上，我们加强了东亚文化之都在文化城市建设与发展方面的理论探究、学术交流和经验互鉴。2021年4月，由文化和旅游部牵头，各城市成立了中国"东亚文化之都"工作机制，筹备成立"东亚文化之都联盟"，共同推动城市间的文化交流与发展，并举办了东亚文化之都市长论坛，与会专家发表了"东亚文化之都城市品牌建设与国际形象传播"等主旨演讲，各城市负责人或代表对东亚文化之都品牌建设及其对外文化传播做了经验分享。7月，在哈尔滨举办了"城市品牌节庆活动与'东亚文化之都'建设"城市论坛，各城市对节庆品牌活动在促进城市文化体系建设、增强城市发展活力、提升城市形象方面的成功经验进行交流和分享。这些活动充分展示了通过东亚文化之都的建设，市民文化意识、城市文化自信、城市文化创造活力的不断增强，城市文化生活变得更加丰富多彩。

为了更好地总结东亚文化之都建设和对外文化传播经验,文化和旅游部国际交流与合作局组织专家力量吸纳相关成果编撰本书,共分为东亚文化之都主题报告、东亚文化之都城市论坛和东亚文化之都学术交流三个部分,完整地记录了2021年东亚文化之都数次交流活动的主要研究成果,旨在更广泛地传播东亚文化之都发展理念、品牌创建成果和对外文化传播经验,本书为全国城市文化发展提供参考,并为我国社会主义文化强国建设提供理论支撑与实践范例。

# 目录
## CONTENTS

**一、东亚文化之都主题报告** ················································ 1

东亚文化之都城市品牌建设与国际形象传播 ················ 程曼丽 1

文化之都与城市发展：欧洲经验与中国实践 ················ 陈宇飞 15

东亚文化之都评选：政策解读与高质量发展 ················ 李柏文 29

**二、东亚文化之都城市论坛** ················································ 41

绍兴东亚文化之都建设与对外交流合作 ···················· 盛阅春 41

品牌　融合　交流　融通　文化之都建设的敦煌方案 ···· 朱建军 48

东亚文化之都建设与文明遗址保护：哈尔滨个案 ·········· 孙永文 59

以东亚文化之都为"桥和船"推动瓯越文化融入世界发展新格局

·································································· 胡剑谨 65

东亚文化之都发展共同体理念下的西安实践 ·············· 沈黎萍 74

品牌　内涵　合作　自信　西安东亚文化之都的实现路径 ··········

·································································· 徐明非 81

彰显"好地方"文化魅力 为文化强国建设贡献文化之都力量………………
………………………………………………………………… 余 斑 84
获得 认同 自豪 以市民为中心的长沙东亚文化之都建设路径
………………………………………………………………… 刘明理 94
创新 交流 发展 东亚文化之都的青岛经验 ………… 贺未泓 100
海外文化赋能东亚文化之都城市文化体系建设:宁波案例 …………
………………………………………………………………… 邱金岳 108
文化为介"海丝"为线打造泉州特色东亚文化之都城市品牌
………………………………………………………………… 苏 悦 116
从"泉都"到文化之都特色地方文化与济南东亚文化之都发展
………………………………………………………………… 张 蓉 126
以文塑城 构建青岛东亚文化之都城市品牌节庆活动 … 许红炜 133
文化 山水 活力与幸福 长沙城市发展与东亚文化之都创建
………………………………………………………………… 肖思源 136
共建共享 相融相盛 文化之都建设推动城市高质量发展…………
………………………………………………………………… 兰 峰 140
打造具有不可复制文化优势的城市竞争力 ………… 何俊杰 144
资源 使命 品牌 东亚文化之都与敦煌文化传播 …… 贺雁鸿 150
共识 共享 交流 互鉴 "世界"视野下的温州东亚文化之都创建
………………………………………………………………… 李方喜 154

## 三、东亚文化之都学术交流 …………………………………… **160**

文化"求同求异"在"东亚文化之都"旅游发展中的辩证关系
………………………………………………… 李柏文 宋红梅 160

发展共同文化旅游　缔造东亚文旅共同体 …… 杨宏浩　张红喜 165

"主客关系"视域下东亚文化之都与旅游的融合发展

……………………………………… 李劲松　王永琴 170

日韩东亚文化之都文旅融合经验及其启示 …… 罗东霞　刘　敏 176

**后　记** ……………………………………………………… 181

# 一、东亚文化之都主题报告

## 东亚文化之都城市品牌建设与国际形象传播

北京大学　程曼丽

建设社会主义文化强国，发展社会主义先进文化，增强国家文化软实力，已成为我国"十四五"建设的重要目标。其中，提升中华文化影响力，强化中华文化传播推广和文明交流互鉴，加强对外文化交流和多层次文明对话，创新推进国际传播，讲好中国故事，传播好中国声音，促进民心相通，是这一目标的主要内容。习近平总书记强调指出，要深刻认识新形势下加强和改进国际传播工作的重要性和必要性，下大气力加强国际传播能力建设；加快构建中国话语和中国叙事体系；广泛宣介中国主张、中国智慧和中国方案；深入开展各种形式的人文交流活动；全面提升国际传播效能，建强适应新时代国际传播需要的专门人才队伍。

城市形象是国家形象的重要组成部分，有效的城市形象国际传播有助于打造动态多元的国家城市形象，提升城市在国内外发展竞争中的话语权和吸引力，因此，东亚文化之都城市建设必须和国家形象结合起来。目前，无论是非物质文化遗产评审，还是东亚文化之都城市的评审，都有具体的评价指标，有量化指标。能够达标，证明城市建设取得了很好的成绩，但是这不是最终目标，最终目标应该是国家形象。东亚文化之都是中日韩领导人会议机制在人文领域的重要成果，自启动以来，目前三国已经有二十几个城市当选，中国已经有11个城市当选。东亚文化之都的意义在于搭建了中日韩人文交流分享平台和三国人文交往的重要渠道，在夯实人类命运共同体，亚洲命运共同体，在奠定人文基础方面起到先锋队和桥头堡的作用，这也是中国文旅部一直致力于推进这项工作的初衷和动力所在。既然东亚文化之都品牌建设是国际传播的有机组成部分，就需要从整体上、宏观上了解目前中国的国际传播面临怎样的环境？尤其是面临怎样的国际舆论环境？才能有针对性地去讨论如何处理城市形象的对外传播问题，也就是东亚文化之都城市品牌的建设和传播问题。由远及近，由总体到局部，这样有助于加深对问题的认识和理解。

## 一、当前我国面临的国际舆论环境

美国皮尤研究中心是全球文明的态度调查机构，它多次发表的各类调查报告都具有世界性的影响。近年来，皮尤多次发布在世界范围内有关中国国家形象的调查。2018年的一项面向美国人的调查结果显示，对中国持有负面印象的受访者占47%。在此之前这一比例都没有这么高，其主要是从2018年特朗普当选美国总统后逐年上升的。2019年12月初，发布的面向34国民众调查结果显示，美国对中国持有负面印象的受访者占60%，欧洲多个国家受访者对中国持有负面印象。2020年6—7月的一项调查结果显示，对中国持有负面印象的美国受访者占73%，这个比例又上升了，达到皮尤启动此项调查以来对中国负面印象的最高值。2020年8月公布的一项民调结果显示，在其他一些国家，比如，在澳大利亚、英国、加拿大、德国、荷兰等主要发达国家，对中国持有负面印象的受访者数量创历史新高。

总的来说，自 2018 年以来，调查结果显示，尤其是 2019 年到 2020 年，西方国家对中国的认知和评价大幅度下降，或者说发生了一个根本性的转变。对于长期致力于塑造负责任的大国形象的中国来讲，这是让人感到非常遗憾的一件事情，虽然中国一直在努力为国际社会提供优质公共产品和公共服务，但是调查结果却需要我们理性面对和认真思考，不能被一些似是而非的言论带偏节奏。西方国家对中国认知发生变化的影响因素主要有以下几方面。

**（一）世界两大格局交织发展的历史必然性**

我们都知道，当下的中国正处于世界百年未有之大变局和中华民族伟大复兴战略布局的历史交汇期。各种因素促使这样的大变局加速变化。保护主义、单边主义上升，全球产业链、供应链因为非经济因素面临冲击，国际经济、科技、文化、安全、政治等格局都在发生深刻的调整，世界进入动荡变革期。与此同时，根据中共十八大精神，实现中华民族伟大复兴的中国梦成为中国共产党人面向未来的奋斗目标，这个奋斗目标也是非常明确的，不可能改变。到中国共产党成立 100 周年的时候全面建成小康社会这个目标已经实现。到新中国成立 100 周年的时候，建成富强、民主、文明、和谐的社会主义现代化国家，习近平总书记在"七一"讲话中已经郑重宣布开启这样一个伟大的历史进程。这两大格局交织发展的结果必然带来大国力量对比的变化和彼此认知的改变。这个变化在美国对中国的战略，还有在涉华舆论中得到充分的体现。

中国改革开放初期，尤其是 20 世纪 90 年代，当时美国对华政策的重点是把中国纳入由美国主导的世界体系，尤其是由它主导的世界经济体系，给予中国最惠国待遇。那个时候的中国大而不强，还不足以形成对美国的所谓威胁，美国不同利益集团在无条件延长中国最惠国待遇这个议题上表现出高度一致性。在中国加入世贸组织以后，美国的企业集团普遍认为中国在国际贸易的议题上已经毕业了。随着中国企业竞争力增强，一些劳动密集型和中低端资本密集型企业开始认同一种论调，就是"中国威胁论"。并且以国家安全为由要求政府采取对华的"贸易保护主义政策"，他们的呼吁得到了美国舆论界的普遍关注与支持。进入新世纪后，在中国企业，尤其是中国新兴科技企业国际竞争力不断增强的情况下，美国对华持负面态度的利益集团日益扩大。对中国强硬的言论也得到了媒体和舆论界更多的关注和支持，这些利益集团普遍认为中国靠低估人民币汇率，政策补贴，靠侵犯知识产权等不正当的手段占了美国的便宜，使美国贸易逆差连创新高，是导致美国制造业失业率居高不下的一个根本原因。美国前任总统特朗普就是持这样的主张。他在竞选期间以及就任美国总统以后多次发表针对中国的攻击性言论，包括中国导致美国经济衰退、中国偷走美国人的工作机会等，并且他在2018年执政以后，在美国国家安全战略报告中把中国界定为竞争对手。

在特朗普之前，奥巴马时代对美中关系是怎么界定的呢？中国是战略合作伙伴和竞争者。到了特朗普时期，合作伙伴变成了竞争者，不仅是竞争者，而且是竞争对手。针对中国的贸易战、科技战、外交战、舆论战接踵而至。2020年比较特殊，是美国的大选年，"大选"+"疫情"，这样的一个特殊年份。特朗普为了谋求连任，他推卸责任，转移民众视线，甩锅中国，把对中国的各种打压推向极致，可以说，特朗普政府对华政策，包括传播战略的变化，是美国根据大国格局以及世界力量对比变化做出的调整，是美国进入新的历史转折期的必然选择。在这方面，美国两党是高度一致的，拜登上台以后在策略上有所调整，但是中美关系不会出现根本性的逆转。拜登上台以后在对待中国的一些问题上，不仅是沿用了特朗普时期的策略，而且在有些问题上变本加厉。中国的发展让美国感到了所谓威胁，美国绝对不会允许世界上任何一个国家挑战它的霸权地位。试问以前的世界老二上哪去了？欧盟、英国、苏联，包括日本哪去了？现在美国还是稳稳坐在世界老大的位置上。像日本在经济上、军事上各方面都全面依附美国，对它言听计从。但是当日本经济发展到世界第二的时候，美国对它照打不误，为什么？因为美国认为日本要威胁到它了，所以从某种角度上说，中国今天面临的形势跟当年的世界老二差不多，只不过我们不想坐以待毙而已。

**（二）美国及其西方盟友利益上的一致性**

美国有一个著名的战略家——布热津斯基，他曾经毫不隐讳地讲："美国在全球至高无上的地位，是由一个覆盖全球的联盟所组成的精细体系所支撑的"。从历史上看，美国的全球同盟的确是美国强国战略的一个重要基础。二战结束以后，为了遏制所谓的共产主义扩张，在与以苏联为首的社会主义阵营的较量中能够胜出，能够坐稳世界霸主地位，美国建立起了一个遍及全球的政治经济同盟体系。这个同盟体系从东北亚地区一直延伸到北大西洋，涵盖了整个西方世界，以及处于西方影响下的广大区域。这里面既包括以美、英两国为主，后来又有加拿大、澳大利亚、新西兰加入的西方国家的情报联合体，也就是所谓的"五眼联盟"，也包括拥有几十个成员的北大西洋公约组织，还包括多个区域性联盟。

美国的全球同盟体系帮助它在冷战中击垮了苏联，肢解了东欧，还在世纪之交美国发起的几次军事行动中，或者是直接参战，或者是提供作战支持。在1991年伊拉克的海湾战争，1999年对南联盟的科索沃战争，2001年的阿富汗战争，2003年的伊拉克战争中都是这样的。冷战结束之后，虽然有一些政治家对美国全球同盟体系的继续存在提出了质疑，美国总统特朗普就认为这些组织的存在消耗了美国的军事以及其他战略性的资源；欧洲方面在某些问题上对美国也表示不满，尤其是美国这些年实行单边主义政策，先是退出了巴黎气候协定，新冠肺炎疫情期间，又单方面发布对欧的旅行禁令，还非常下作地截留抗疫物资等，引起欧洲国家的不满。但是这些都是西方同盟内部的矛盾和分歧，他们是可以通过各种途径得到弥合的。比如，拜登进入白宫的第一天就签署了《重返巴黎气候协定》就说明了这一点。况且欧洲国家对美国的不满并不是打算和它彻底决裂，而是希望能够重返跨大西洋伙伴关系的那种稳定状态，在面临军事威胁的时候继续得到美国的安全承诺和武力保障。从本质上看，美国的全球同盟，尤其是它的西方同盟和美国有着共同的价值体系和利益关联，有着同样的种族优越感和意识形态倾向性。因此，在面对同盟之外的所谓战略对手的时候，他们仍然会选择站在盟主一边，在态度、行为、舆论等方面表现出高度的一致。前面给大家出示了所谓的民调结果，就说明了这一点。

### （三）美国对全球涉华舆论影响的长期性

早在殖民时代，西欧各国，西班牙、葡萄牙、荷兰、英国、法国等就开始了全球范围内的殖民掠夺和扩张。从传播学的角度讲，他们在不断突破地域界限为自己的产品寻找海外市场的同时，也会把在本土创办的报纸带到殖民地国家，甚至在殖民地创办自己的报纸。历史上的殖民地国家，它的第一份报纸几乎都是由殖民者创办的，这也为现代意义上的全球信息传播奠定了最初的物质基础。美国是后来者居上，不仅在信息传播技术的开发和使用上一路领先，还以先到者的身份制定了一系列市场准入规则。二战结束之后，殖民体系瓦解了，近百个国家脱离殖民统治独立，这些国家为了摆脱依赖，包括信息依赖，他们通过联合国教科文组织，提出建立国际新闻传播新秩序的要求，这个要求立即遭到发达国家的反对，他们认为发展中国家不该提出这一点，新闻是自由的，提出新秩序是对新闻自由的限制。这场围绕新闻传播新秩序的论证从20世纪60年代一直持续到80年代，最后以美、英两国退出联合国教科文组织告一段落。

进入互联网时代，英、美等新闻大国，尤其是美国仍然有着传统信息渠道上的优势，在保持原有优势的同时，它继续主导互联网国际制度体系的构建和规则的制定。在资源分配、互联网管理方面它具有绝对的话语权，一直到今天也是这样。广大发展中国家因为经济实力有限，在互联网资源占有方面处于明显劣势，国家之间基于数字经济的贫富分化进一步拉大。近年来联合国教科文组织一直致力于弥合数字鸿沟，也包括社会鸿沟、政治鸿沟等。发展中国家也在努力加强信息基础设施建设，以及传播能力建设。但是直到今天，国际传播领域信息流向没有发生根本性改变，仍然是由中心向边缘扩散，由发达国家向发展中国家扩展，信息反向流动的情况很少发生。

至今，我们一些主管外宣的领导同志始终搞不清楚的是，我们跟某某国家关系很好，我们历史上就很好，为什么这些国家主流媒体上很多都是对中国的负面报道。这跟信息流向有直接关系，信息的流向、走向是一个历史问题。美国等西方国家利用这样的优势，把自身的信息连同价值观传遍全球。我们一些主流媒体国际部的编辑经常大量引用英、美两国的国际新闻报道，认为质优量大，编一编就可以发。比如，有关欧债危机的报道，他得去找欧洲国家经济学家去采访，太麻烦，他就用英、美两国的。但是英、美两国对欧洲问题的看法，尤其是对欧元问题的看法跟欧洲国家是不一样的。我觉得很遗憾的一件事，是我们没有意识到这一点，我们一些编辑在报道欧债危机的时候，他没有意识到信息本身承载着价值观，你在用英美信息的同时，你也把他们对某个问题的看法，对某个国家的评价传递给世界各地，这一点也是从信息传播的角度需要强调的。通过回顾我们可以发现信息渠道是垄断的，垄断产生话语霸权，由此形成的思维定式和刻板印象不会在短时间内改变。

### （四）新冠肺炎疫情常态化下国际舆论环境中的新机遇

这两年东亚文化之都的评审活动中，我们面临着全新的国际舆论环境，包括国际涉华舆论环境。疫情的常态化为东亚文化之都发展提出了新的挑战，我们可能将来要伴随着这样一些舆论，但同时也带来了新的机遇，在疫情中文化之都城市彼此守望相助，文化作为最有内涵、最有穿透力的力量在其中得到充分体现。既然思维定式和刻板印象不会在短时间内改变，那么我们国家在城市形象塑造，国家形象塑造方面是不是在做无用功呢？当然不是。我们发现，即使是在国际舆论对中国不利的情况下，仍然出现了"大象旅行"广受国际舆论关注的情况。原来栖息在云南西双版纳，国家一级保护野生动物亚洲象罕见地一路北迁，引发了国内的关注。在大象北迁的过程中，大象追踪团队发了很多视频。给我们一个启示，有的时候我们下了很大的力气，花了很多钱去做的事情未必效果好，但是我们可能无意间的一个呈现，大家却对它好评如潮。比如，视频里我们看到大象喝水、觅食，还有大象的行动轨迹。特别是象群睡觉的那个视频非常引人注目，大家觉得那个小象被大象围在中间保护着，它醒了以后就往外爬，但爬不出去，急躁的萌态让网友齐呼可爱，连全球知名媒体像BBC，CNN、CNBC、《纽约时报》《环球邮报》《朝日新闻》等也都把目光投向中国的西南。大象旅行的一个附加效应是什么？是中国云南或者中国西南获得了罕见的曝光度，有外国媒体惊叹，中国还有这么大的省，大象走了好几天都没有走出去。我也注意到，在大象旅行的过程中，几乎没有一家西方媒体对中国进行苛责，在一定程度上弱化了西方国家对中国的舆论抨击？你说它消除了吗？不可能消除，但是这段时间的确是发生了变化。

从大象事件又联想到视频博主李子柒，她因为拍摄乡村的传统古风生活，优秀传统文化方面的内容而走红，在海外社交媒体平台上产生了很大的影响力。她在 Youtube 上有 746 万粉丝，甚至超过了 BBC，还有 CNBC 等世界顶流媒体的粉丝数。很多外国人通过看李子柒的视频对中国产生了兴趣，李子柒也成了中国文化的传播使者。除了视频之外，像新浪、抖音，包括抖音的国际版 TikTok 都可以把中国的文化传播到更远的地方。前几天我就看到了一个信息，TikTok 在介绍中国的大桥是怎么建起来的，质量怎么样等，点击率相当高。从这个意义上讲，自媒体技术平台的使用也成为中国对外传播的有机组成部分。

从大象旅行事件和李子柒视频中我们获得三点启示。

第一，要了解海外目标受众的接受心理，要找到共情点，共情、共鸣。为此要考虑这样一些问题。第一步，你的目标受众能不能读懂、看懂？这就是语言转化的问题，是不是地道的语言，是不是能够让人家看懂。第二步，能不能喜欢，不是说硬性推给你看，现在信息爆炸时代都是选择性注意、选择性理解、选择性记忆，硬推的办法是不奏效的。他们要主动去找、去接受、去转发。第三步，能不能入脑、入心，受众在接收信息以后能不能产生认同感，认同感很重要，是一种心理上的倾向性，这种倾向性有利于减少海外受众的误解、偏见，甚至敌意。

第二，我们看到有良好传播效果的，很多都是社交媒体平台。因此就要了解新时代用户与社交媒体、平台的特点，要利用移动化、场景化、社交化、个性化的社交媒体平台去讲好中国故事，要探索人格化的共情传播策略，共情共鸣。受各方面的影响，可能我们的叙事风格比较大而化之，建构性的话语比较多。我曾经写了一篇文章，研究"一带一路"建设的话语和叙事，我们这方面的建构性话语比较多，缺其他几方面的内容，比如转换性的话语、解释性的话语、校正性的话语、修复性的话语。而这些东西都是真正能够落地，或者有实际的问题需要我们来回答的，但我们很缺乏对这些问题的回答。相反，西方国家更为注重一些点上的，人与人，人与自然互动的故事，他们对这方面的事情比较感兴趣，大象旅行的故事就是这方面的一个典型案例。

第三，讲好中国故事，讲好中国自己的城市故事，不能局限于本土，而要放眼世界，要找到中西文化的交融点，从这一点出发，而不是自说自话，自娱自乐。可以从中国优秀传统文化，中国与世界交往的经验，当下的扶贫实践，抗疫实践中寻找话语建设的优质资源。同时，也可以考虑建设中西文化交流的语料库，做一些效果研究，哪些话语效果好，我们可以把这些收到我们的语料库里来，让中国故事的内容和表现方式更加丰富。

## 二、品牌与城市品牌：问题与对策

为了突出地方特色，增强城市辨识度，需要进行城市品牌建设。近年来，城市形象识别系统 CIS 逐渐引起政府部门的重视，我们一些城市相继发布了城市形象标志，比如，杭州市的城市形象是篆书杭字的变体，它的形象有江南建筑的灵秀之风。重庆市的城市形象是"人人重庆"，它的意思是以人文为本，携手并进。城市形象的视觉识别来自企业形象的识别系统 CIS（Corporate Identity System）。CIS 包含三方面内容：理念识别、行为识别、视觉识别。我们现在用的就是最后一个 VI 视觉识别，其实它还包括更重要的两部分内容，Mind Identity 和 Behavior Identity，最后一个才是 Visual Identity。我们现在基本上一个 Logo 出来了，这个代表城市的形象，市民了解吗？不一定了解，知不知道理念是什么呢？而且城市形象是不是应该通过识别行为表现出来呢？比如，韩国的大街小巷，很少有进口的车，用的是民族品牌的，韩国非常倡导这一点，每个韩国人都知道这一点。我们是不是这样呢？我觉得这个问题值得我们反思，CIS 是一个完整的系统，包括三个组成部分，目前我们城市形象识别系统只是抽取了它最后一部分，也就是 VI，包括 Logo 标准字，标准色等，而忽略了前面两个部分。实际上很多城市都在做这件事情，这就使得一些城市形象视觉系统难以与现实接轨，缺乏一个普遍性的认同。我们试想，如果我们不是把城市精神理念提炼出来，通过宣传教育在广大市民思想中形成共识，转化为我们的实际行动，那么仅凭几个图形标志能够解决问题吗？实际上是解决不了问题的。这也正是一些城市导入 CIS 之后无法产生实效，最后不得不放弃的一个原因。鉴于此，我结合城市品牌建设中存在的一些问题提出以下五点认识，供大家参考。

### （一）要有清晰的地方"定位"

这里的地方"定位"有两层含义：一是寻找差异，二是突出亮点。首先，寻找差异。中国的现代都市，尤其是旅游都市有很多共性，比如，历史悠久、文化积淀深厚、交通便利、宜居、宜游等。如果我们千篇一律去做这样的表述，会让人感到索然无味，不但如此，还会模糊人们对于地方特色的认识，因此应该充分挖掘我们当地经济、文化、社会资源，找准定位，突出特色。其次，中国每个城市都有足以体现其个性特征的多种元素。以杭州和重庆为例，比如，杭州有刺绣、龙井、灵隐寺等，重庆是雾都、桥都、山城、火锅城、不夜城。我们如果把这些元素混乱植入到地方外宣作品中，尤其是我们的城市宣传片中，所有的城市都是这样，就会显得杂乱无章，抓不到重点。绍兴历史文化积淀深厚，亮点也非常多，比如，大禹文化，大禹在日韩被称为"禹王"，很多地方都有祭祀的遗存。黄酒文化，绍兴黄酒一直畅销日韩，还有其他一些国家。王阳明在日韩等国都受到推崇。还有，中国书法也受到日韩很多人的喜爱。还有浙东唐诗之路，也吸引了很多日韩游客。绍兴的佛道文化对日韩同样具有吸引力，当然绍兴还有很多物产都很吸引人，如果一件件详陈，国内受众当然很喜欢听，国外受众可能就抓不住特色和亮点。我们在做介绍的时候，其他入选东亚文化之都的城市也都在如数家珍，这就让对方更加眼花缭乱。我想如果把这样的元素精选一二加以呈现，放大亮点，可能就会给人留下深刻的印象。从理论上讲，差异化的定位有助于获得竞争优势，并且可以长时间保持竞争力。由此我想到，如果把重庆山城特色和火锅文化所蕴含的那种接纳性和包容性作为地方文化特色加以推出，如果把杭州市民对生活情趣或者高雅文化追求到极致的文章做足的话，特色和亮点自然也就呈现出来了。如数家珍不是一二三四这样列举，而是要将精神内涵、文化内涵背后的力量体现出来。

## （二）要有明确的受众意识

受众意识非常重要，我们创建完了还要传播，传播就希望看到好的效果。美国国家战略传播体系突出的特点是强调精准传播。所谓"精准传播"是指在国际传播中对不同国家的受众采取不同传播策略和方法，这就涉及受众的细分问题。习近平总书记在"5·31"讲话中也特别强调受众的细分问题。这一方面有些国家的做法是值得我们借鉴的，比如，同属东亚文化圈的韩国首尔，它在向海外宣介城市形象的时候就采取了区别对待的策略。对于优秀传统文化底蕴深厚，同属汉文化圈的中国，它强调了首尔时尚优雅的形象。对于时尚风格比较接近的日本，它强调的是首尔温馨和谐的形象。对于那些局势动荡不安，而且发展缓慢的东南亚国家,它强调的是首尔先进的科技形象。在"一带一路"建设推进过程中,我们国家强调一国一策的战略,以便更好对接当地民众的习惯,对于城市形象塑造而言,这方面的思路和经验是值得借鉴的。

### (三) 加强部门之间的协同联动

打造城市形象从政府角度讲叫"地方外宣",它是一项系统性很强的工作,其中的各个部分,比如,外事、外贸、文旅、侨务等部门都承担着不同的职责。除此之外,随着信息全球化的推进,对外传播主体日益多元化、多样化,对外输出的信息也越来越庞杂,越来越多样化。在这种情况下,作为地方外宣的主管机构,从文旅角度来讲,我们应当自觉承担起政策指导、统筹协调的职能,各级政府外宣部门对这方面非常重视,我们要加强部门、传播主体之间信息共享和联动,文旅部门可以有意识去做这方面的对接工作。它是一个整体,是一个系统,避免出现条块分割,各自为战的问题。为此,就需要进行地方形象或城市形象的总体设计规划,制订融合媒体的宣传推广方案,形成宣传部门牵头,相关部门配合,社会各界参与的地方外宣运作模式。在这一方面美国国家战略传播体系可以为我们提供经验和启示,它在资源整合、优势互补方面有很多具体的措施。

### (四) 加强城市形象与国家战略的对接

从国际传播或者对外传播的角度讲,中国城市形象看似一个个独立的局部,其实都是国家大局的组成部分,城市故事一定要与中国故事相协调、相配合,在中国故事整体框架下讲好城市故事。习近平总书记曾经在2014年和2017年两次视察北京,并且发表讲话,提出要坚持和强化北京四个中心的功能和建设。这四个中心里面其中之一就是国际交往的中心，外宣部门开始探讨如何做好国际交往的中心。从习近平总书记的讲话看，北京不是城市的概念，不是地域的概念，也不是局部的概念，而是中国首都的概念，是整体、全局的概念。北京代表的是中国国家形象，这才是"城"与"都"正确的关系，如此说来，建设北京国际交往中心并不意味着要在中国的国际交往中心之外，外加一个北京地区的交往中心。北京是一个承载地，它的管理水平直接体现了国家治理和管理水平，北京不是要另立门户，而是应该做好各种配合，保障各方面的工作，全面服务于国家的外交。

另外，城市讲什么故事也要考虑到国家外宣的整体要求。习近平总书记在"5·31讲话"中也讲到要努力塑造可信、可爱、可敬的中国形象，这是我们的一个大原则和大方向。

### （五）建立地方外宣效果评估机制

城市形象传播和地方外宣，我们的最高目标是取得好的效果。效果怎么算好呢？我们就要建立外宣效果的评估机制，这是地方外宣工作上水平、上台阶的重要一环。建立外宣效果评估机制可以使地方外宣的阶段性工作或者重要的外宣活动、城市形象的塑造工作有一个客观公正的评价标准。根据这样的标准，外宣工作者可以了解以往我们的工作哪些是正确的，哪些是有效的，哪些是做得好的，哪些是错误的、无效的，或者是效果相反的。通过总结我们可以去做必要的调整，使下一步工作更加有效，其实东亚文化之都的建设也是如此。

东亚文化之都是国际化品牌，它的文化传播也是国际传播的重要组成部分。因此，文化之都城市在努力打造城市形象的同时，有责任、有义务讲好中国故事，传播好中国声音，展示真实、立体、全面的中国形象。

# 文化之都与城市发展：欧洲经验与中国实践

中央党校（国家行政学院）　陈宇飞

2017年，在上海对话的时候，我们和欧洲城市有很好的交流。欧洲通过几十年举办"欧洲文化之都"系列活动，对城市发展有了非常深刻的理解，对一座城市如何以文化作为力量重新振兴，形成了比较成熟的方法。特别是在2004年以后，欧洲重点扶持那些需要文化推动发展的城市。欧洲开始放弃像巴黎、雅典这些城市的推介活动。今天我主要讲三方面的内容：第一，当前中国城市发展的大势，必须以文化作为根本的推动力，让城市发展更有深度，更有目标，让民众生活更幸福，让游客来了印象更深刻，这都是融合在一起的话题；第二，中国城市发展在空间发展上的几点实践；第三，分享一下"欧洲文化之都"3个典型城市案例。

## 一、中国城市发展大势：文化城市建设的中国特色之路

中国文化城市建设中的第一个点就是如何走好中国特色之路。这是今天我们考虑问题非常重要的一点，所谓文化城市现在越来越成为一种共识，当城市发展到一定程度的时候，要回归本来的目的，并不仅是简单的发展空间和增加功能，而是人们在这里得到一种生活的享受，得到一种快乐，本地居民有高度的认同感，外来的游客对城市有很高的评价，

这就是文化城市。原故宫博物院院长单霁翔先生在其《从功能城市走向文化城市》一书中提出，中国已经走出了简单的发展空间、扩展功能的阶段，中国应该走向一个追求精神内涵的阶段。在这个过程中走好中国特色之路，这里有两个重要的纲领性文件作为我们思考问题的依据。

## （一）《中国共产党第十九届中央委员会第五次全体会议公报》

党的十九届五中全会发布了《中国共产党第十九届中央委员会第五次全体会议公报》（以下简称《十九届五中全会公报》），提出了推进以人为核心的新型城镇化。现在是从简单社会向复杂社会的转变期，其中包含了城市发展的连续性，也就是说我们对历史文化的认同，把它继承好是一项工作。另外，这也是结构和功能的突变期，需要城市为了适应人民对生活的需要，有更多的功能，更新的手段，我们要用好新型平台，这对整个城市的发展影响非常深刻，必须从以下几个特点去关注新时代新型城镇化。

第一，规划起点高。规划是为了让城市更好地发展，更合理地存在。中国总体上还存在城市建设混乱，小城镇建设散乱差，城市化落后于工业化等问题。这是中国新型城镇化要高度注意的。

第二，新型城镇化的集聚效益好。所谓集聚效益，即一个相对不大的空间里面能够容纳尽可能多的功能，城市的集聚化程度高，生活方便，没有太高的交通成本就是这种新型城镇化的基本要求。具体落实在把城镇做强，不能外强中干。

第三，应该完成好新型城镇化的使命，使城市个性特征更明显。不要太刻意，要自然，让人觉得能接受，并且有与众不同的特点。我们在绍兴城里走一走，能看到一座座古桥，有生活的场景，会让人觉得是一座活的城市，有相当强的生命力。从符号上看，这些都很好识别。例如，宁波新的城市展览馆，细节语言非常好，又成为一种城市发展中的新识别符号。还有深圳一座座的过街天桥都不是刻意的，非常自然亲切，有一种现代科技感，这些都体现出了地方个性识别的特点。

第四，新型城镇化的要求是"人本气氛浓"，是为人服务的。要强调的是要使城镇具有人情味，能够促进人自由而全面地发展。所谓人情味，在物态层面，就是依托城市空间和建筑物完成的，这必然要求空间和建筑物的丰富性和多样性，而非一刀切的形式可以满足的。如今被一再提及的"烟火气"就是这个意思，它来自生活，是非常亲切自然的。

## （二）《中华人民共和国国民经济和社会发展第十四个五年规划和2035年远景目标纲要》

党的十九届五中全会第二个纲领性文件就是《中华人民共和国国民经济和社会发展第十四个五年规划和2035年远景目标纲要》（以下简称《"十四五"规划纲要》），作为中、长期规划，进一步提出了以人为核心的新型城镇化。《"十四五"规划纲要》和《十九届五中全会公报》是相互呼应的，特别是今天中国城市发展的重点已经开始进入到城市更新行动阶段。有专家说，中国现在城市空间可以容纳30亿人，现在的重要问题就是做好存量的工作，实现现有城市空间的优化，这就包含了城市生态修复、功能完善等，这些都是发展的重点。《"十四五"规划纲要》有两方面内容应该特别引起我们的关注。

### 1. 强化历史文化保护、塑造城市风貌

风貌是从历史中来的，但它也应要有当代人的劳动成果，其中的重点就是城镇老旧小区改造和社区建设。社区是城市建设的一个重点，让大家有认同感，即社区是我们大家共同的家园，把它建设好。一个比较成功的例子是湖南常德的老西门棚户区改造，获得了2021年4月三联周刊人文城市创新奖。政府如何发挥主导力量，专家团队的设计意识要体

现什么，投资方如何把利益做到最大化，老百姓如何得到方便实惠。这四个利益要在这样一个新型的发展状态中取得非常好的共同点，需要两个依据。一个是法律依据，法律上要有法可依，另外一个是文化，我们要为自己的家园负责。最后的结果是老西门设计方案经过七八年的打磨，磨出来的结果不错，因此他们获奖了。

社区营造方面的成功例子是上海的"景观共治·花开上海"项目。过去有一种不成文的规矩，自己家门以外的公共场所跟我关系不大。但是上海把所有的力量调动起来，打造城市公共客厅。该项目让大家参与进去，让大家有责任感，把他们的审美也加进去，这个行动获得了"三联人文城市的社区营造奖"。

成都城市公共空间的改造中做了一组小的公共建筑。这个小的公共建筑是开放型的，看上去不是豪华的场所，但是干净明亮，叫"老地方·新活力"。通过玉林东路的巷子里这么一个小小的项目，年轻人喜欢，老人也喜欢，也获得了社区营造奖。

《"十四五"规划纲要》还提出健全现代文化产业体系。其核心是带动整个体系的发展，业态丰富以后推动旅游、文化的发展，其中包含文化旅游融合发展。要建设一批富有文化底蕴的世界级旅游景区和度假区，打造一批文化特色鲜明的国家级旅游休闲城市。

**2. 历史价值再认识**

历史价值是一种文化资源，这种文化资源是历代人的劳动成果，我们要高度尊重。历史资源有三种：第一种来自农业社会提供的丰富的城市文化资源；第二种是工业时代留给我们的城市文化资源；第三种是以文化为主体创造的重要资源。其中工业文明时代正好是城市的成长期，这时城市扩展很快，人口增长迅速，出现了大量的新功能，就要求城市文化功能更加完善，它涵盖了娱乐、美育、休闲等多个方面。

在工业文明时代，城市成长有多种文化动力。启蒙运动以后就出现了公共博物馆，成为城市越来越重要的场所。作为新型城市发展的动力，大型博物馆担当了非常重要的角色，小孩子可以在这里受到人文的启蒙教育，这种启蒙教育对他的感知影响非常深刻，因此我们说博物馆的作用是非常重要的。

工业文明的动力，由于社会的剧烈变迁产生了大量的新型城市。这个时候也出现了大量新的文化特征，我们以巴黎为例进行说明。巴黎在19世纪中期进行了改造，它是"欧洲文化之都"中比较早的一批城市，那时候还不叫"文化之都"，叫"文化城市"，基本特点如下：

第一，城市文化资源的全面梳理和基础设施修缮。巴黎是19世纪80年代末期欧洲文化之城，即便是这么一座历史文化名城，还是把自己的资源好好地梳理了一遍。第一个好的资源来自19世纪中期的改造，把一个破旧、经常发生水患、肮脏不堪的城市经过改造获得重生。巴黎这次城市改造不仅改造了城市外观，还做了大量的基础设施完善工作，真正解决了污水没处流的问题。雨果在《悲惨世界》中说："下水道是一个城市的良心与智慧"。有了下水道，一座城市就真正解决了污水问题。

巴黎19世纪的城市改造最终形成了一个有独特风格的100平方千米的巴黎老城。巴黎的建筑容积率并不是特别高，它有一个特点，住宅的阁楼租金非常便宜，比底下的楼层要便宜很多，这种特点使"巴漂"能住在这里。那些艺术家、大学生和青年知识分子们，租这种很便宜的房子住下来，让一座城市有文化的多样性。巴黎整个城市改造的内容非常丰富，我们曾经考察过巴黎的"左岸"（La Rive Gauche），它位于塞纳河左岸的圣日耳曼大街、蒙巴纳斯大街和圣米歇尔大街，一个集中了咖啡馆、书店、画廊、美术馆、博物馆的文化圣地。"左岸"一个重要的特点是功能非常丰富，将国家图书馆、博物馆和好多书店都装进去了。它的街道非常窄，并不是说一定要把马路拉宽叫现代城市，相反车不能随便开进来，让人更好地活动，这样的空间就是以人为中心。巴黎整个城市容纳的东西越来越多，但它整体风貌并没有受到影响。

第二，重要文化场所服务于城市的文化功能。街道是让人开展活动的重要空间，巴黎这座城市非常重视街道建设，预留人在街道上的活动空间，步行在100平方千米城内上班的人占46.6%，巴黎开私家车的人很少。巴黎的人行道有时候比车行道还要宽，因为它道路比较密集，走的距离并不远就能解决各种问题。

第三，我们要关注新型城市的成长期，我们把它叫作"文化城市时代"。20世纪末，这种特点就已经比较突出了，其中应该关注的有两点：其一，从历史中它给我们提供的一切，这是我们公认的第一个特点，它也是城市的第一个文化特征。看一个城市的底色是看老城，有些城市说我们没有老城，已经拆光了，感觉这个城市好像被斩断了根一样。其二，为了适应人们越来越快的生活，不断进行城市营造，提供更多的文化场所，这也是满足人们文化生活的需要，也是提高城市竞争力的一个重要举措。这是两个重要的特点，这两个特点告诉我们，要形成两个认知。一个是我们对文化特征的认知，不论是历史中的东西，还是今天我们创造的，最后都要形成一个自己城市的文化特征。另一个是形成一种新的城市发展的动力也就是文化动力，因为社会发展需要有新的动力，需要有支撑力，而文化能够持续地提供这些力量。

国际货币基金组织统计了2018年很多国家人均GDP增长状况，把一些重要的文化活动和统计数据进行了对应，发现随着人均收入的不断增长，这种大型的文化活动越来越多。最早是20世纪70年代美国的文化产业推动城市更新，因为美国人均GDP比较早达到了高水平。1985年欧洲开始启动了"欧洲文化之都"项目，雅典为第一个当选城市，这与欧洲的人均收入水平密切相关。英国的城市复兴,艺术在城市更新中发挥了重要作用,这个行动是国家战略的一部分。接着是日本,1995年提出"新文化立国"战略,跟其经济成长状况也密切相关。英国1998年提出"创意经济",新加坡2000年提出"复兴城市",之后联合国开启创意城市联盟行动。北京、上海等城市提出创意产业发展。最后,中日韩三国提出东亚文化之都行动。这些行动都具备了这样一个历史发展的条件,即经济发展水平提高了,文化意识也越来越强烈。中国、韩国、日本的协同活动说明大家都具备了一个意识,"文化+"是一种更持续的发展动力。联合国教科文组织和世界银行今年开了一个会议,会议主题是"城市·文化·创意:以文化和创意为支点,促进可持续的城市发展和包容性增长"。会议提倡文化保护、文化服务和文化创新的协同发展。明确提出了以文化为导向积极推动城市发展。这就是我们说的以文化为导向的大趋势,其中细化的有几个小点。

一是城市行动,文化优先。这个概念可能在欧洲形成比较早。我记得有一次西班牙大使带队到中国进行交流,其中贸易局的局长提出一个观念,在西班牙,一般来说如果一个古迹和一个高速公路建设发生了冲突,高速公路给古迹让步。我们说实在让不开怎么办?成本太高怎么办?他说成本再高也要让步。哪怕你挖个隧道,从古迹下面穿过去也不能动古迹。我们说这是官员的想法还是老百姓的想法?他说现在已经基本形成共识了,从政府到老百姓都觉得古迹比路更重要。这种观念恐怕不是一两年能够养成的,这是文化优先的观念。总体上联合国教科文组织对这个目标的强调体现在它的核心目标上——建设知识型社会。如何落实在城市行动中?文化带动复兴的行动就是其中一个,欧洲可能体会多一些,因为欧洲很多城市是工业化的城市,在新的时代都遇到衰落的问题,都遇到发展新动力缺失的问题。因此在寻找新的动力,最后形成了一批拥有自己特色经验的城市。

二是场所的优质化,这是城市价值的要义。不论是大型场所,还是小型场所,其中一个根本的要求就是优质化。一个场所凑合,在一定的历史年代是可以的,但是在今天这个年代一定要强调场所优质化,我们把它叫作"场所的优质化效应"。这种优质化效应可以提醒使用者要对得起这个场所,在这个场所里要好好完成活动,优质场所文化传递效应得到更好的保障。

还有就是要有好的文化节庆,东亚文化之都行动在一定程度上是一个年度的节庆行动,这种年度的节庆活动会集中、高密度地开展一些文化活动,把大家的目光集中起来,把行动意志集中起来,形成一个更好的后续效应,这种文化节庆活动是非常好的。

## 二、中国城市发展的空间实践

中国正在面临一个全新的发展时机,近9亿人是城市人口,中国的城镇化率达60.80%,已经是以城市方式进行生活的国家。同时,对文化的需求在这个过程中不断释放。随着城镇的增容,人均收入的增长,闲暇时间的增加,文化选择更加广阔,青年人成为消费主体的时候,越来越多新的文化业态活跃起来,正是这种文化的相互激励,形成了城市文化景观。比较有代表性的文化主题类景区吸引力非常大,城市文化景观提醒我们在城市发展中要给人们提供更多优质化的文化场所。当然这种优质化的文化场所打造要慎重,还是要讲"培育"。培育出来的东西可能会更好。例如,北京的南锣鼓巷,其实已经没有旅游的意义了,但还是那么热闹。南锣鼓巷的业态我也进行过调研,花那么大功夫去那里喝酸奶。我问过年轻游客,你为什么挤在人堆里买奶茶?他说这是南锣鼓巷的奶茶。我说跟别的地方有区别吗?他说场所不一样。年轻人知道场所,我觉得这种需求的释放会迅速带动深度旅游发展，而深度旅游就是我们说的文旅融合，人们更多深层次的文化需求会通过旅游去满足。进一步推动公共文化设施的建设，如大型影剧院、图书馆、游乐园等。

### （一）新的城市空间生产

我们培育新事物要依据文化的原则，文化的原则让我们能够找到自己，因为文化需求踊跃，对场所的需求大大提升。单霁翔院长说过，我们99%的藏品都藏在库房里，看不了。他们在2015年组织《石渠宝笈》时，他怕没人来，观众少，就把《清明上河图》《伯远帖》都拿出来了。结果没想到造成轰动，人们的文化需求突然都爆发出来了。这样就必然会带动故宫的扩馆，将来海淀区建设故宫的北院区，可能今后更多的行动是在地方城市做分院，或者举办临时主题展，这种形式是调动文化资源的好方法，这样的文化资源就会满足人们更多的文化需求。上海大剧院每年有45万观众，上海大剧院的董事长说我们有2400万常住人口，每年有45万观众不稀奇。大剧院建设起来了，还要经营得好，必须有非常专业的团队，非常认真地投入，这样效果才会越来越好。我们看到深圳的市民中心，已经担当起真正的城市文化中心的责任。人们在这种空间里，找到了文化的享受，这其实是很重要的。现在这种综合性的文旅设施也越来越多。像北京的环球影城度假区，整个谈判过程极其艰难，因为美国想把他们的原装东西更多融入进来，中国说必须要有中国的文化主题，美国说中国的文化主题怎么装到我的游乐园里，这个过程难就难在这个事情上，看上去玩玩乐乐的事情也要打架，真的非常激烈。这种新建的文化空间就是在满足人民不断增长的文化需求。武汉有一个项目做得挺好，是一个文化空间，叫"知音号"，是一个多维的体验剧。武汉的朋友肯定知道，外面的车，里面演的节目，整体的氛围，完全是民国风,这个演出很受欢迎,最贵的票2000多元,依然大受欢迎,毕竟很独特,也符合城市本身的特点,这是比较成功的案例。

## (二)原有空间的唤醒与激活

原有空间是情感价值的依据,不是简单的文物保护问题。有市民提出来,仿造的、重建的东西有没有文化价值?以波兰为例,也有独特的文化价值,关键要慎重,不要动不动就来一个"仿古一条街",仿古街是最没有价值的,一定要有原来的依据。首钢园区的改造到现在为止是成功的,很受欢迎。一个老的工业厂,按照过去的思路是要拆掉的,但是它保留下来了,而且把它重新改造。我们和德国公园做过比较,首钢园区更完整,更丰富,原来的场景都调用起来了。既留住了工业记忆,又装进了文化创新的功能,这些大钢炉反而是一种特殊的文化符号,原来的仓库更是打造成了冬奥会组委会的办公楼。一个大的园区场景都激活了,做得非常好。还有上海滨江西岸,现在市民对它的认可度特别高,场景全保留了,是一个城市不可切掉的片段。这个片段太重要了,曾经上海的工业区,一个煤炭仓库,火车开到下面,漏斗把煤都装到车里,这些东西做美术馆的时候都留下来了,只是做了非常简单的处理,人们在这个空间获得了独特的感受,顺便看看展品,这些展品和环境都是作品了,这样一个历史场景被唤醒了。还有一个是深圳的超级"文和友",这是年轻人非常认可的一个新文化语言。它其实就是一个旧的居民楼,把旧的居民楼进行一种拼装式的改造,这是我们文化之都城市长沙的又一个品牌输出,长沙"文和友"的品牌输出到深圳,结果成功了。一栋居民楼,一个个小店,像一个特定年代的博物馆,深圳才40年的历史,但它还是记住了这段历史。它的环境、氛围特别清晰,像当年香港20世纪90年代的感觉,这些努力都是为了让我们的城市文化语言越来越多。

其实它里面卖的奶茶比外面还贵，但是依然受欢迎，这就是人们的文化需要。

## （三）文化活动与仪式

城市形象需要通过城市主题性的活动，节庆、仪式、体育赛事等来展示。也就是通过风貌、风情、风物的展示完成一座城市整体性的改造。

## 三、"欧洲文化之都"城市的经验：佛罗伦萨、里尔、马赛

我们讲几个"欧洲文化之都"的例子，它们的共同经验就是：城市历史文化信息的整理，以文化为核心的改造，城市节庆和宣传到位。希腊文化部部长最早提出文化城市的概念，认为文化、艺术和创造力的重要性并不比科技、商业低。

### （一）佛罗伦萨

佛罗伦萨和巴黎是同一类型的城市，它最突出的特点是丰厚的文化资源。佛罗伦萨是15世纪到16世纪欧洲最著名的艺术中心，欧洲文艺复兴运动的发祥地，举世闻名的文化旅游胜地，拥有国际著名的文化城市品牌。佛罗伦萨的第三产业比较发达，玻璃器皿、陶瓷、高级服装、皮革、艺术复制品和城市定位契合度比较高。佛罗伦萨的形态特征很好识别，例如百花大教堂，到这去看一定要看洗礼堂，这是吉贝尔蒂的作品。12扇铜浮雕做得非常精美，成为经典，被称为"天堂之门"。它的整体形象在整个城市中最为突出。还有重要的地标维吉奥桥，非常破旧的桥，但非常独特。桥上的工艺品店，特别是金银首饰工艺品店成为重要的工艺品售卖地。维吉奥宫担当了市政厅的角色，门口的浮雕，整体的文化氛围都做得非常好，维吉奥宫广场上一组组的雕塑，感觉像是一个露天

博物馆。佛罗伦萨的乌菲兹美术馆非常经典，有大量达·芬奇、米开朗琪罗、波提切利的作品，每年卖出的门票高达140万张，场所效应发挥到极致。它的内部氛围非常好，著名的作品波提切利的《春》，还有《维纳斯的诞生》，都是经典。历史上乌菲兹美术馆集中了一批艺术家，这些艺术家都成了文艺复兴时期的重要人物。达·芬奇说我不是画画的，我业余时间画画，我主要时间搞科学发明。飞机、潜水艇都是他发明的，他对人体比例研究得非常好。这个城市也培育了米开朗琪罗和拉斐尔，拉斐尔的画作是文艺复兴时期的代表作品。我想一座城市能记住这么多艺术家，就是把他们的能量激发出来了。包括小小的但丁故居都保存得非常完整，保留了一个非常生动的场景。

还有就是今天还存在的文化，它也利用得非常好，例如，玻璃工艺品、陶瓷、金银饰品等。从教堂的镶嵌画到今天无处不在的艺术品，很多世界闻名的玻璃工艺品都是佛罗伦萨生产的，很多品牌非常著名。还有它的陶瓷，在西班牙陶瓷的基础上发展出自己独特的陶瓷，也影响了德国很多地方的陶瓷。还有金银饰品，与城市整体气质相配套，还有时装，历史上经常借助宫殿这样的场所发布，甚至包括小小的冰激凌都是佛罗伦萨的城市形象。每年4月佛罗伦萨都会举办全意大利冰激凌比赛，好多游客可能路线上并不经过意大利，但是会开车绕一圈，去意大利买一个冰激凌再回来，其实就是一种品牌效应。

## （二）里尔

里尔是法国转型城市的重要代表，它在巴黎的北方，是比较典型的北方城市。里尔有一定实力，但是并不突出，从2004年以后，里尔代表一种新型的欧洲文化之都行动，叫作"里尔2004"。当时的市长是玛蒂娜·奥布里女士，她有一个非常好的意识就是将这个城市在现有的规模下全面优化。通过开展"欧洲文化之都"行动,推动了艺术家和居民、文化管理机构与企业、经济界与政界的紧密联系,让大家积极参与进来,培育了一些新型的文化场所,如市民文化休闲之家。"欧洲文化之都"行动推动了整座城市创意创新发展。玛蒂娜·奥布里女士新型的城市管理方式推动了由艺术家发起的城市变革,培育了创意阶层,特别是吸引了高新技术产业,并推动了一个城市文化纲领的形成。"里尔2004"最后的效果是把城市宣传好了,引起了欧洲对它的注意,同时借着注意力的集中,在活动完成以后,继续发展后来的里尔。

里尔在城市发展中有几个着力点,第一是城市风貌,这是吸引人的一点,这个点用得很成功。整个城市场景里很多东西都是传统的,小街小巷,非常亲切,都是人们日常的生活空间。第二是它的博物馆做得好,虽然博物馆并不是特别多,但每个都做得很精致。里尔通过和卢浮宫合作,借助卢浮宫的资源开展了自己的中长期展览。卢浮宫的展品最短借给里尔1年,最长的借5年,成为非常优质的展品资源,这种资源让里尔这样一个小地方有了非常好的展品,卢浮宫也愿意这么做,因为能让更多的人欣赏它的展品。这是里尔比较好的经验。第三是把很多旧的工业场所赋予其新的功能,同时还重点做了"里尔3000"的长期目标。里尔正在成为一个新型的创意城市,大量的旧设施具有了新功能,例如,里尔城里的"欧洲科技中心",就是由旧纺织厂改造的,里尔让年轻人在这里创业,成为搞科技创新的场所,现在吸引了大量的外商投资,形成了新型的产业。

### (三)马赛

马赛在城市发展中通过相关社会组织改造,将操作者政府的意志、民众的意愿完美结合起来,成为"欧洲文化之都"的又一种成功经验。

政府通过购买服务让"马赛2013协会"这样的非营利组织去担当行动主体，设计、行动都是靠它，修建了大量的博物馆，策划了很多新活动，可以说"马赛2013协会"推进了马赛这座城市的整体成功。原本的马赛比较传统，但正是通过"欧洲文化之都"行动，马赛再次成为欧洲关注的焦点，成为一个生机勃勃的城市。马赛的博物馆空间设计都很现代，把很多旧的场所变成了艺术中心，对很多街头乱涂乱画的东西不是简单取消，而是加以改造利用。马赛举办了一次雕塑比赛，最后优秀的展品成为这座城市永久的雕塑，变成了城市形象识别的重要符号。马赛还搞了大型的行为艺术，例如，羊群进城，市民高兴，游客也高兴，与马赛市民的文化习惯、性格比较符合，这次行动比较成功，涉及365千米的步行路线，游客可以按照不同需要去探寻郊区的景色。几百公里路线可以有30多种选择方式，可以看到非常典型的法国南部的风光特点，林间甬路的漫步，还有薰衣草田，这些都是经过相关的策划，慢慢把城市的优点呈现出来以后达到的效果。

马赛所属的普罗旺斯举办的"普罗旺斯人家"活动就是这样，通过举行鲜花比赛，每个家庭种植花的行为得到他人认可，自己也很光荣。马赛举办的一系列项目吸引了很多会议在马赛举行，马赛被给予更多的正面国际报道。一个看来希望不大的城市，通过相关城市文化活动获得了生机，无形资产明显增加，市民信心增强，80%的市民认为马赛越来越好了，是一个宜居的城市，更像一个大都市。

# 东亚文化之都评选：政策解读与高质量发展

北京联合大学　李柏文

《东亚文化之都申报、认定和管理实施办法》（以下简称《办法》）《东亚文化之都申报条件和验收评分导则》（以下简称《导则》）的出台推动了东亚文化之都的规范化和常态化管理。在此之前，东亚文化之都的重点工作是"活动年"的策划与实施，重在文化交流与合作。在标准体系建立之后，相关工作重心将转向东亚文化之都城市建设工作，以及申报成功之后的东亚文化之都品牌经营和城市经营。因此，《办法》和《导则》一个很重要的使命，就是要把东亚文化之都从"活动年"纯粹的国际文化的交流合作品牌转向城市经营和建设品牌。我们要兼顾东亚文化之都的传播、交流、合作价值与城市转型升级的价值，打造一个综合性的东亚文化之都国际城市品牌。

## 一、东亚文化之都的价值

东亚文化之都是基于国家的发展战略背景，关乎我国的文化强国建设。理论上我国建设文化强国需要有一批能够代表中国的文化强市来支撑，因此文化强市建设是文化强国建设的必由之路，没有文化强市就不会有文化强国。东亚文化之都能够为中国文化强国建设打造一批典范的文化强市，从而成为文化强国的支撑城市，引领示范全国其他的城市。

另外，也基于一定的国际背景，东亚文化之都对亚洲的价值是通过城市间的交流与合作，进一步促进中、日、韩等邻国之间的睦邻友好，促进当代和未来的地区和平，构建亚洲命运共同体。因此，东亚文化之都是一项和平事业，它"功在当代，利在千秋"，对形成亚洲地区的友好时代具有重要的意义。

## 二、东亚文化之都评选流程

从总的评选原则来讲，东亚文化之都的评审流程非常严格、公正、透明，每次评审竞争都很激烈。东亚文化之都的基本要求可以归纳为三个方面：第一，要有丰富的地方文化资源和特色，最重要的是在文化上做好城市的特色文化，不能迷失个性；第二，要有一定的东亚文化资源，具有东亚文化气质，能够反映东亚文化精神，这是区域的共性文化，形成东亚文化之都的共同文化标识；第三，对促进东亚文化交流与互学互鉴具有引领与示范作用。一方面，要弘扬中日韩三国历史文化渊源深厚、文脉相通、文化传统相近的优势，形成文化城市品牌共同参与世界文化的交流。另一方面，作为中国的东亚文化之都城市还要弘扬中国优秀传统文化，传播中国的价值观，展示中华文化的独特魅力。不同的行政层级管理部门在东亚文化之都的创建过程中，发挥不同的作用，申报城市主要负责申报、创建和未来的发展，同时加强与其他申报城市之间的交流。省级文化和旅游主管部门主要对创建城市进行核查和工作监督，并提供相关的工作指导。文化和旅游部国际交流与合作局，主要负责最后国家级的验收，为城市提供普适性的国家级的文旅产品和活动，以及为城市搭建国际交流平台。城市参与终审的关键技术节点如下：

第一个阶段是自查和申报，关键材料是申报书，同时提供与申报书配套的附属材料，包括自评报告和打分说明；城市发展关键指标表，以便专家获得城市之间可比较的关键信息；东亚文化之都发展规划和实施计划等。

第二个阶段是省级验收，申报城市需通过省级的推荐和审查并同意之后，上报文化和旅游部，在国家层面参与竞选东亚文化之都的候选城市资格。当一个城市获得候选城市资格后，原则上城市会有2~3年创建期。创建期内的主要任务是对标创建，对照《东亚文化之都申报条件和验收评分导则》的要求完成规定任务。但并不只是做标准所要求的内容，如果只是套用标准，那是教条主义，更重要的是鼓励城市超标准进行创新，形成城市自己特色化和个性化的内容。创新包括两个方面：对优秀传统文化的创造性转化和对未来新文化的创新性发展。对于东部地区的城市来讲，历史上与日韩交往很频繁，东亚历史文化很丰富，需要做好优秀传统文化创造性转换。对于西部的历史上与日韩有交流但并不频繁的城市，则需要做好当代和未来与日韩交流的工作，以弥补历史上交流的不足。与其他的候选城市和当选城市进行广泛的交流合作，包括经验分享、市场合作、相互投资等。期间也要争取获得省级文化和旅游部门和国家文化和旅游部的一些指导、互动与监督。

第三个阶段是国家验收。国家组织专家对申报城市进行集中初审、实地暗访和终审答辩。初审和终审都要提供自评分与打分说明，为专家提供打分依据，否则会出现不公平或不公正的现象。如果没有打分说明和材料，那么专家打分的时候仅仅凭借经验判断，不一定会有材料那么准确。最典型的案例是温州，温州商业文化太发达，屏蔽了温州其他的优势。事实上，温州旅游和文创都很厉害，但仅凭经验就容易产生偏见。终审非常注重城市的创建绩效。城市也可以提供翔实的关键指标表，这个表可反映初审指标和创建后的指标，二者进行前后对照，创建绩效就一目了然。通过这个对照表专家就能快速掌握2~3年的创建绩效。初审比的是城市存量资源和现有成绩,但东亚文化之都创建更多的是关注城市申报之后产生的增量发展成果,只有增量发展成果才可能更好地打动专家,获得比较高的评价。城市负责人的答辩是终审的重点和核心环节,专家通过汇报视频、汇报 PPT 和城市负责人的陈述能够在最短时间内掌握相关信息,并直接影响终审的评分结果。此外,也可以提供其他认为必要的辅助材料,这些材料的编制往往能够反映一个城市文化的创意水平和城市文化的发展水平。

### 三、相关资料编写技术规范与要求

第一,申报书的填写,重点要求是填写城市创建工作计划,包括两个部分:已有基础和创建计划。如果没有提供打分材料说明,对已有基础的填写需要对照《导则》的相关要求。创建计划既要有方案,也要有保障。特别是保障,东亚文化之都需要创建承诺,联合国创意城市的申报也有类似的承诺。这个承诺很重要,它表达了城市对东亚文化之都的投入意愿,并需要在创建期和未来发展中兑现,绝不是空头支票。申报书的编制一是要把握要点,要有针对性,它不只是城市文化和旅游工作的简单归纳总结,需要与东亚文化之都的建设标准相结合。二是重点突出,申报书不是全方位展示,要浓缩出来,把重点突出。三是突出东亚特色,东部地区的城市以前有这方面的基础,一般能够很好地突出东亚的特色和东亚的内容,而西部城市这方面相对弱一点。申报书还要求填写当选年活动策划,这个活动策划非常重要,专家很看重这一点,也是未来要落地执行的。做好"活动年"是东亚文化之都核心工作之一,活动年的策划一定要有高度、有创意和系统化,往届的太原、绍兴、济南和温州的策划都很不错。

第二,自评报告和打分说明,有的地方也叫创建台账,城市需要给自己打一个自评分,并说明为什么能够得到这个分。否则专家打分就只凭经验了,这对创建意愿很强而且进行了大量创建工作的城市不公平,而对城市文化知名度较高(但并没有实施创建活动)的城市更为有利。这个材料既能用于申报材料,在创建后稍做修改也可用于终审材料。打分说明材料梳理或整理全市的文化和旅游资源以及工作情况,总结城市文化建设经验,未来可以成为城市文化和旅游发展的基础数据,甚至可以编成一本工具书,出版为东亚文化之都专辑。

**四、暗访工作技术规范与要求**

《东亚文化之都申报条件和验收评分导则》中的有些指标通过看材料就可以打分,有些指标通过看材料虽然可以打分但是不知道材料的真实性,因此需要安排专家现场核实,并在终审前完成核实。此外,也可以通过暗访核实当地百姓对东亚文化之都的知晓度和参与度以及其他方面的创建绩效。暗访工作的重点对象:第一类是文保单位,至少包括国保和省保单位;第二类是文化旅游公共场所与设施,至少包括图书馆、博物馆、文化馆、纪念馆、美术馆,还有旅游标识标牌、咨询中心和集散中心等;第三类是文化与旅游经营单位,包括旅行社等;第四类是文化与旅游场所,包括AAAA以上景区以及其他文旅空间。客观上,东亚文化之都城市的核心任务就是打造文旅空间,通过文旅空间推动城市空间的有机更新。

往届暗访下来,做得比较好的有温州的城市书房和名人博物馆、绍兴的文化创意产业、烟台的文旅融合、太原的交通旅游融合、济南的群众文化等。也存在一些典型的问题:一是依然存在文物单体保护和系统性保护不力的问题;二是文化场馆不对外开放以及开放时间不适应游客需求;三是城市文化场馆或景区配套设施存在一定的短板;四是文化和旅游标识系统不完善，多语种服务能力不足；五是文旅场所与生活相关的低值易耗品配给不足，比如，一些图书馆或景区厕所缺乏厕纸、洗手液等；六是存在工作人员脱岗和设施设备不能常态化运行等问题。

**五、终审答辩技术规范与要求**

终审答辩需要城市展陈视频和答辩陈述PPT。城市展陈视频要通过视觉方式高度浓缩、展示东亚文化之都创建城市的历史、风貌、文旅等，还有包括承诺的内容。答辩陈述的PPT，主要从图片的角度展示东亚文化之都的资源、创建绩效和承诺等。难点是城市展陈视频和答辩PPT怎么错位？什么内容在视频里表现，什么内容在图片里表现？答辩PPT怎样配合市长的陈述。这两个文件非常重要，会直接影响终审评分。终审答辩要突出当选东亚文化之都的理由、东亚文化特色、与东亚的交流和创建绩效等。

**六、报批与优先政策**

终审答辩完成之后会有一个得分，根据得分原则上要把第一名和第二名的城市上报给文化和旅游部，报批之后公布结果，并在中日韩文化部长会议上或中日韩领导人会议上宣布当选城市，因此东亚文化之都政治含金量很高，是目前国内唯一的国际文化城市品牌。终审没有当选的候选城市，在城市没有主动退出的情况下，可以保留下一届候选资格。

当选东亚文化之都的城市将享受国家系列优先政策，并且有更多的机会参与到国家的国际文化和旅游交流合作平台中，所有的东亚文化之都当选城市之间交流与合作的机会也会增加，并且代表国家组成国家队与"欧洲文化之都""美洲文化之都"等进行交流与合作。文化和旅游部原则上每3~5年会复核一次。2022年是东亚文化之都建设10周年，文化和旅游部计划重点复核，目的是防止城市当选之后不作为。文化和旅游部鼓励城市持续作为，推动东亚文化之都由"活动年"向文化城市的经营和东亚文化之都品牌的经营转型，推动品牌可持续发展，而不仅仅满足于搞一个"活动年"。此外，如果出现重大负面事件，通过复核发现后给予城市黄牌警告、红牌警告或撤销命名等惩罚措施，当然《导则》和《管理办法》的最终解释权归文化和旅游部。

## 七、《导则》核心内容解读

东亚文化之都的建设和发展要树立东亚意识，立足于东亚视野，既要突出城市地方文化内容和特色，也要与日、韩两国的文化产生共鸣，彼此之间需要一些共同文化形态，来增加东亚地区文化的归属感和包容性。《导则》设置了入选的七个基本条件：一是历史名城，在东亚历史发展进程中发挥了重要作用，具有特殊历史地位或东亚文化特色的城市。二是文化和旅游资源基础好。三是要把文化保护传承好。四是要有良好的公共文化服务设施。五是文化产业和旅游产业在城市产业中要有比较优势。六是文化和旅游深度融合。七是实施保障有力。

### （一）资源基础

第一，历史文化的悠久度。悠久度可以从城市的人类活动史和建城史体现出来。在文化资源方面，需要辩证地处理东亚文化与地方文化之间的关系。既要做好自己城市的特色文化，也要照顾到东亚文化，否则东亚文化之都缺乏共同的东亚文化符号或元素，也没有到访的日韩人员或游客，那就不是真正意义上的东亚文化之都。怎样把握辩证关系？核心是要把中国城市的地方文化和优秀传统文化通过传播上升为东亚文化，凸显我国文化对东亚的辐射力和影响力。客观上，日韩很多文化的母文化都源于我们中国，像书法文化、端午文化、筷子文化等，这些都是我们老祖宗对日韩等东亚国家的文化影响，当代和未来我们能够用什么文化影响东亚乃至世界呢？这就需要我们把城市地方文化上升为东亚文化母文化，也就是把地方性文化上升为区域性的文化。同样，日韩也可以把它的城市地方文化上升为东亚文化，因此这里就出现了国与国之间的文化竞争，这种竞争是一种良性的竞争。这也是我国东亚文化之都城市能有作为和最有作为的地方，因此，我们要科学辩证地处理好东亚文化和城市地方文化的关系。

第二，文化形态丰富。不同的城市有不同文化分类方法，要先找准文化的划分标准，每一类划分标准必须有一定的数量规模和品类来支撑。历史文化的典型性是指能够代表某一类东亚文化或国内文化，并且有影响力。世界文化品牌主要是指历史文化名城、全国重点文物保护单位名录等。而东亚文化之都的文化中心功能，是指当选城市能够对周边城市的文化和旅游有影响力与带动力，这是东亚文化之都很重要的一个特征。城市文化软实力和城市品牌力，需要东亚文化之都当选城市是文化强市和旅游强市，并且能够服务于国家文化强国建设。东亚文化精神和特色是指东亚文化之都当选城市应该有标志性的东亚项目、标识标牌、文化内容、文化元素、文化生活等，它是东亚文化在城市中的综合表现。城市文化的多样性和包容性是指城市能够吸收外部的先进文化，比如，与日韩文化可以相互借鉴，要吸纳的必须是它的优秀文化，不是它的糟粕文化。

第三，文化自信与对外传播。需要城市有文化自信，突出地方文化特色，不断发展完善，敢于传播。

### （二）文化保护和公共文化设施与服务

文化保护很重要的一项工作是优秀传统文化的数字化和智慧化建设。

公共文化服务效能主要是指老百姓对文化的可获得性和便利性。很多地方有现代化的文化设施，但是老百姓却长期不使用或者有的地方直接不开放，天天关门，造成设施设备的利用率很低。还有些服务时间很短，可能符合了本地居民的行为规律，但是不符合游客的行为规律。

在文化和旅游服务方面，出现了"有岗位但是没有人，有人但是态度不好"的问题。公共文化的服务社会化，不能纯粹依靠国家财政支持，必须要吸引社会的力量。可以与商业机构打造一些准公共产品，探索公共文化供给的商业化模式。依托社会化的资源，通过商业化的服务或半商业化的服务能够为老百姓提供低价和免费的文化产品。在这个过程中，企业要有合理的利润。

文化场馆设施配套除了馆内的设施之外，还要注重与周边设施的关联。一些城市临近的馆与馆之间连通很差，要绕一大圈，才能从这个馆到另外一个馆，给老百姓带来了不便。此外，除了要考虑功能设施之外，更多需要考虑创意设施、防疫设施、智慧设施等，特别是防疫设施应该成为标配设施。管理常态化重点关注有没有专职专人，有没有脱岗的现象。

在文化服务网络方面，现在城市做得比较好的是，博物馆一个平台，图书馆一个平台，美术馆一个平台，文化馆一个平台，但是整个城市的文化却没有统一的平台。因此，我们要做的公共文化数字平台是针对整个城市统一的平台，它能把单个的平台集成为一个文化网络服务平台，提供基于平台的文化消费预约。文化交流平台既可以是线上平台，也可以是线下平台。比如，一个论坛，会址永久性设在这个城市。另外一个是数字化进社区，包括社区文化活动活跃、社区文化活动健康问题。有些城市的文化活动主要是棋牌活动，没有其他更好的文化活动，更优质的文化业态。如果我们不用优秀、健康的文化占领我们的社区，那些非健康的、消极的文化就会占领我们的社区。在市民参与群众文化的过程中，需要发现和培育优秀传统文化，并把它弘扬出去。

## （三）文化和旅游产品

从文化和旅游业来看，一方面需要我们推动美术馆、艺术馆、博物馆、图书馆能够旅游化，并接待游客。例如敦煌、温州、绍兴的城市书房，已经成为主客共享的空间。另一方面赋予文化场馆游览体验功能，并根据游客需求合理调整开放时段。关于培育旅游新文化，东亚文化之都文化可以分为三类：一是优秀传统文化，二是当代文化，三是未来文化。未来东亚文化之都需要面向当下和未来培育一些新的文化，这种文化包括旅游文化、主客共享的旅居生活文化。东亚文化之都城市应该要新增一种文化类型就是"东亚文化之都新文化"，它是基于东亚文化之都的创建、建设、发展而衍生出来的文化，比如，宁波的东亚文化之都碑，这就是一种新的文化现象和产物，这样的新文化需要城市去培育，去引导。在多态融合方面，不只是"文化+旅游"的融合，而是"文化+旅游+商业+体育+教育"等多态融合。

## （四）规划实施保障

从实施保障来看，联合创建主要体现在体制机制上，强调部门之间整合和产业融合，以及联合项目开发。东亚文化之都规划与实施，应该是申报时先计划，当选后再规划。在初审的时候可以提交计划，在终审的时候再提交规划。"活动年"策划是目前东亚文化之都做得比较好的传统板块。第三方评价，主要是通过城市主页的一些游客评价，老百姓评价，携程、百度等第三方网络社群对城市的评价。

## 八、建议

### （一）标志性项目

东亚文化之都的建设和经营需要一些标志性的项目来支撑。当选后，如果没有东亚文化之都的特色，也没有相关内容，老百姓就会觉得名不副实。东亚文化之都不是要求每个城市都建设"东亚文化一条街"，而是应该要打造一些文旅空间，东亚国家主客共享的空间，不一定是一条街，也可能是一个社区，也可能是一个创业园区，这些文旅空间能够让日本人、韩国人来了之后感到很亲近。

### （二）标志性文化景观

应该有标志性的东亚文化景观，比如，可以搞一个城标，这是最简单的。

### （三）多语种的标识标牌

作为东亚文化之都城市，至少要打通从机场到城市主干道路上的所有标识标牌，不能让日韩的人到东亚文化之都在语言或标识上障碍重重。如果做得更好，当选东亚文化之都后所有主要的景区和文化空间，里面的标识标牌都要有日韩的标识标牌。这需要根据城市的实际情况而定，如果日韩游客规模很大，那就值得去做。

### （四）文化场馆的旅游化

现在文化进景区做得很好，但是旅游进文化场所刚起步。东亚文化之都并没有把图书馆、博物馆、美术馆纳入旅游线路里面去。景区会宣传博物馆、美术馆,但是在博物馆、美术馆里面不会宣传旅游,打通文旅互通还是有屏障。

### (五) 文化场馆经营时间调整

目前,文化场所开放时间往往不太适合游客需求。建议对于具备吸引力和有能力接待游客的文化场馆,可以根据游客的时间需求来调整开放时间。

### (六) 有效增加设施和服务

对城市传统历史文物点,需要就近配套停车场、厕所等设施,并提供有效的引导服务。

# 二、东亚文化之都城市论坛

## 绍兴东亚文化之都建设与对外交流合作

绍兴市人民政府市长　盛阅春

博大精深的东亚文化,在人类文明长河中熠熠生辉。正基于地缘相近、人文相亲的传统渊源,多年来中日韩积极推动文化交流互鉴,并通过壮大和擦亮东亚文化之都金名片,向世界展示东方文化的精粹和魅力。绍兴有着2500多年建城史,孕育了灿烂的地域文化,积淀了丰富的遗迹遗存,它们像珍珠般镶嵌在"稽山鉴水"之中,其中,大禹文化、古越文化、阳明文化、鲁迅文化、黄酒文化、茶文化和戏曲文化等,不仅在中国境内具有强大的影响力,而且在日、韩等东亚国家也具有很高的知名度。习近平总书记曾称赞"绍兴是浙江的'罗马'",认为"绍兴的地域文化和历史传承,是中华民族的文化瑰宝"。2020年,公布的首批20项"浙江文化印记"中,绍兴独占5项。2020年9月,在文旅部大力支持下,绍兴跻身东亚文化之都序列,向着攀登世界文化高峰迈出了坚实步伐。绍兴将牢记习近平总书记殷切期望,抢抓东亚文化之都建设契机,协同推进文化事业、文化产业跨越式发展,加快重塑城市文化体系,着力打造持久强劲、不可替代的竞争优势。具体来讲,重点做好以下几点:

## 一、坚持守正创新，持续做强城市文化品牌

城市学家杰布·布鲁格曼认为"文化是城市战略中最微妙的一个方面"。文化品牌凝聚着城市精神品格与理想追求，是增强城市软实力、提升城市知名度的重要依托。一是着力打响品牌。在推进东亚文化之都建设过程中，绍兴秉承"内容为本、特色为王、品牌至上"理念，立足厚重的文化富矿，积极打造具有绍兴特色、绍兴风格、绍兴印记的品牌矩阵。在这方面，已经有不少成功实践，"没有围墙的博物馆""跟着课本游绍兴""老绍兴、最江南"等文旅品牌脍炙人口、深入人心。进入新时代，绍兴将聚焦流量文章，加大推陈出新力度，生成更具震撼力、吸引力的特色品牌。二是着力做精古城。把古城作为独一无二的IP来打造，按照世界遗产标准，实施古城保护利用条例，并围绕"二环、三山、五大街区"总体格局，梳理古城肌理、延续古城文脉、重现古城底蕴，加快推进古城北入口、阳明故里、书圣故里、鲁迅故里、青藤书屋、蔡元培纪念馆、周恩来祖居等古城"项目群"建设，将古城内历史建筑节点、特色文化空间串联起来，不断赋予古城新的时代元素，打造最具绍兴辨识度、最富江南文化味的展示区，让更多人透过古城这扇窗口，领略绍兴文化魅力，爱上绍兴这座城市。三是着力串珠成链。抓好"一廊三带"建设，串起绍兴文化旅游发展的"π"形空间结构。"一廊"就是绍兴文创大走廊，贯穿越城、柯桥、上虞三个区，重点发展时尚设计、旅游度假、国学文化、水乡民俗、特色工艺等五大产业链群，打造融山水之美、人文之美、创意之美于一体的大文创核心区。"三带"就是浙东运河文化带、浙东唐诗之路文化带、古越文明文化带，其中，浙东运河文化带嵌于文创大走廊之中，重点突出对古运河遗产的保护利用；浙东唐诗之路文化带以文学、戏曲、丝绸、工艺非遗传承为主要内容，打造"新时代

诗画之路"；古越文明文化带打造以黄酒、珍珠、铜艺、服饰等烙有"越文化"符号的文创产品带。

## 二、坚持集聚融合，积极壮大现代文化产业

习近平总书记指出，"文化产业是朝阳产业，大有可为"。近年来，绍兴高度重视文化产业发展，把它作为重塑城市文化体系的突破口，谋划实施系列重大举措，文化产业发展取得了长足进步，去年增加值突破300亿元、占GDP比重提高到5.5%。接下来，一是切实做好融合赋能文章。牢牢把握产业发展新趋势，积极推进"文化+"，使文创设计融入纺织、黄酒、珍珠等产业，赋能打造传统产业改造提升2.0版。大力推进"设计+"，加快发展工业设计、创意设计、时尚设计等生产性服务业，推动制造业向价值链中高端跃升。创新推进"数字+"，运用数字信息技术促进文化资源"活化"，利用多维度营销，提高文化产品原创力、传播力。二是持续强化项目带动。坚持把文化产业发展与山水林田湖、亭台楼阁桥等资源景观有机融合起来，高水平打造一批综合体、"打卡地"。高标准抓好兰亭文化旅游度假区建设，加快建成融创黄酒小镇、华润"871LOOP"、方特文旅等标志性项目，为文商旅融合提供有力支撑。三是培育壮大市场主体。完善文化管理体制和文化生产经营机制，深入实施重点文化企业引育工程，招引领军型、旗舰型企业，做大做强骨干企业，培育扶持"专精特新"企业，加快形成数量充足、结构合理、人才荟萃的文化企业梯队。

## 三、坚持开放包容，持续深化对外文化交流

习近平总书记强调，"中华文明是在同其他文明不断交流互鉴中形成的开放体系。未来之中国，必将以更加开放的姿态拥抱世界、以更有活

力的文明成就贡献世界"。近年来，绍兴以打造"活力城"、提升"国际范"为目标，举办系列"绍兴主场"品牌节会赛会活动，推动绍兴朝着国学高地、心学圣地、国际赛会目的地城市迈进。接下来，绍兴一方面将在精心办好中国兰亭书法节、中国黄酒节、公祭大禹陵典礼、阳明心学高峰论坛、水陆国际"双马"等经典活动的基础上，依托东亚文化之都金名片，以更加宽阔的视野，推动绍兴文化"走出去"，与世界对话、与时代共鸣，展示历久弥新的风姿韵律，提升绍兴在东亚乃至全球的知名度。另一方面，将在提高城市国际化水平上下功夫，特别是借力杭州亚运会等大事件，坚持同城、同标、同频、同创，推进实施亚运城市行动计划，完善国际化城市功能，营造国际化营商环境，展现多元化的国际气质，吸引更多人近悦远来，深化各领域交流合作，携手共创互利共赢的美好明天。

## 四、"十四五"绍兴东亚文化之都建设愿景

"十四五"期间，绍兴将深入打响东亚文化之都城市品牌，有效提升绍兴文化知名度和影响力，进一步塑造绍兴的良好国际形象。大力弘扬大禹文化、古越文化、阳明文化、鲁迅文化、黄酒文化、书法文化、戏曲文化、清廉文化等优秀文化，高水平办好兰亭书法节、公祭大禹陵、阳明心学大会等重大文化节会活动，开展徐渭诞辰500周年等纪念活动，举办南宋文化节、城市音乐节等富有江南特质、绍兴特色的文化艺术节活动，加强宋六陵遗址、越国王陵保护，创新传统戏曲平台和载体，推动越剧申报人类非物质文化遗产代表作名录，重塑"文学之城""心学圣城""书画重镇""戏曲之乡""大禹朝圣目的地"等美名。传承创新江南文化，加强城市整体宣传，实施文化国际传播能力建设行动，持续办好"抖IN绍兴""绍兴文化周"和"大师对话"等活动。

## 五、绍兴"十四五"城市文化体系建设摘要——全面提升文化辨识度,塑造高品质城市文化体系

坚定文化自信、坚持守正创新,加快优秀传统文化创造性转化、创新性发展,构建文商旅融合的产业体系,努力打造"不易被模仿"的文化核心竞争力。

### (一)创建全域文明城市

坚持社会主义核心价值观引领。全面落实意识形态工作责任制,有效防范各类意识形态风险。深入实施铸魂工程、溯源工程、走心工程,推进"越讲越响"宣讲平台建设,持续推动习近平新时代中国特色社会主义思想深入人心。持续开展中国特色社会主义和"中国梦"宣传教育,夯实新时代爱国主义教育阵地,厚植越地儿女爱国情怀。大力弘扬伟大民族精神、时代精神、红船精神,提炼新时代"绍兴精神",塑造特色鲜明的城市形象。深入践行《绍兴市文明行为促进条例》,高质量推进全国文明城市全域创建,推进新时代文明实践中心建设,完善"最美绍兴人"选树、培育、宣传、关爱机制,大力弘扬劳动精神、劳模精神、工匠精神,持续开展"越文明"系列活动,深化文明单位、文明家庭、文明校园系列创建,开展"制止餐饮浪费""实行垃圾分类"等系列好习惯养成活动。培育和弘扬新风正气,不断提升市民道德水准、文明素养和全社会文明程度。

加大优质公共文化供给。实施重大文化设施建设工程,建成新博物馆、新美术馆、新大剧院、民间博物馆、传媒中心等新时代文化地标,谋划建设城市档案中心,支持各地建设文化中心等标志性文化地标。实施文化惠民工程,健全支持开展群众性文化活动机制,深化全民阅读活动,建设镇街文化综合服务中心、农村文化礼堂以及图书馆、近邻书屋、

文化驿站等各类基层文化阵地，推进公共文化云平台建设。鼓励社会力量参与公共文化服务体系建设，提升"行走乡村、文化润乡""绍兴有戏"等公共文化服务载体，不断丰富群众精神文化生活。

### （二）传承发扬绍兴经典文化

巩固提升文化阵地。深入挖掘绍兴历史文化丰富内涵，面向社区、学校等场所开展绍兴优秀传统文化传承和传播活动，讲好绍兴文化故事。加强文物保护、考古发掘、非遗保护、文史研究，系统推进绍兴文化典籍工程实施，重扬"中华文献之邦"美名。实施古越文明解码工程，启动编撰《绍兴大典》，打造优秀传统文化资源数据库，建设"越文化"研究中心，推动古代书院文化保护与传承。实施文化精品战略，全面繁荣新闻出版、广播影视、文学艺术事业，深化国有文化艺术院团改革，发挥市演艺集团等专业机构院团作用，集聚培育更多名家大师。繁荣哲学社会科学，推出一批社科精品书籍，强化地方新型智库建设。持续推动媒体深度融合，建好、用好县级融媒体中心，打造市级媒体融合改革的"绍兴范本"。

### （三）打造文旅深度融合样板区

高标准建设绍兴文创大走廊。以"一廊三带"为主平台，以文商旅融合为理念，突出纺织、黄酒、书法、水乡、青瓷等"国字号"文化资源品牌塑造，实施文化产业倍增计划、骨干文化企业培育工程、文化产业数字化战略，深度融入之江文化产业带建设，创建全国文化金融改革示范区，新增5个省级以上文化产业集聚区，打造高质量文化产业发展示范区。串珠成链建设浙东运河文化带、浙东唐诗之路文化带、古越文明文化带，推进大运河国家文化公园建设，围绕"诗画""山水""佛道""名人"等主题，精心挖掘浙东唐诗之路历史文化内涵，培育提升一批诗路文化名山、诗路人文水脉、诗意森林古道、文化遗址公园和诗路名城古镇古村，全域打造诗路文化带精华地。

建设最佳旅游目的地。提炼、重塑、打响绍兴旅游品牌，深耕长三角等重点区域旅游市场，对接杭州世界旅游联盟总部，精准开拓海外营销市场，鼓励和支持大型旅游企业、著名旅游管理公司和知名旅游品牌跨市经营、连锁经营和品牌输出。促进"文旅+美丽乡村""文旅+工业""文旅+康养""文旅+体育"等融合发展，提升发展红色旅游、研学旅游、自驾车旅居车旅游等特色产品，加快智慧旅游发展，实施"E游绍兴"示范工程，构建文旅信息服务平台。全面提升绍兴旅游体验度，建设文化和旅游消费试点城市，鼓励"夜游"和"沉浸式"文旅消费，打造古城、研学游、戏曲、博物馆群等特色IP，丰富夜市、夜食、夜展、夜秀、夜节、夜宿等夜游产品，培育"云上唐诗之路"等线上文旅产品。预计到2025年，全市年接待国内外游客量超过1.5亿人次。

筑强文旅融合平台载体。提升柯桥、新昌等AAAAA级景区，打造绍兴古城AAAAA级景区城，实施阳明故里、鲁迅故里、书圣故里等一批符合古城气质的高端项目。全力推进兰亭文化旅游度假区建设，实施中南兰亭矿谷文旅综合体、绍兴兰亭森林野生动物园等标志性项目，打造国家级文旅融合示范区。推动鉴湖旅游度假区、曹娥江旅游度假区争创国家级度假区，推动兰亭景区、柯岩景区创建AAAAA级景区，规划建设古香榧群、天姥山·十里潜溪等文化旅游集聚区，积极培育黄酒小镇、越剧小镇、同山烧小镇等文化旅游小镇，打造"诗情画意"诗路文化之旅、"梦幻水乡"水城风情之旅、"千年古韵"历史古城之旅、"跟着课本游绍兴"主题研学之旅等精品游线，实施华强方特系列主题公园、绍兴871LOOP全新城市文旅综合体等重量级网红项目。

# 品牌　融合　交流　融通　文化之都建设的敦煌方案

中共敦煌市委副书记、市长　朱建军

"敦煌"二字,取盛大辉煌之意、寓繁荣昌盛之愿。自汉武帝开通西域,"据两关、列四郡"起,敦煌已有2100多年的历史,是古丝绸之路上的"第一枢纽城市",也是中国历史上率先向西方开放的地区,中华文明经此远播欧亚,万里丝路在此连通,多元文化聚此"美美与共",孕育了"开放包容、向善守正、崇高唯美"的敦煌文化精神。

敦煌,是首批中国历史文化名城、首批国家对外开放城市、首批中国优秀旅游城市、首批全域旅游示范区。拥有三大世界文化遗产、两大世界自然奇观、一大著名国际显学6张享誉世界的"名片",境内现存莫高窟、玉门关、悬泉置3处世界文化遗产,拥有国家AAAAA级旅游景区鸣沙山月牙泉、雅丹世界地质公园等世界自然奇观,自1900年藏经洞发现以来,风靡全球、长盛不衰的"敦煌学",是丝绸之路上最负盛名的国际学术宝库。

"丝路兴,敦煌盛"。从丝绸之路"凿空"到"一带一路"倡议,奠定了敦煌城市建设的根基,赋予敦煌贸易畅通、民心相通的国家使命。"大漠孤烟""西出阳关""春风不度"等中华民族优秀文化的经典意象,彰显了家国情怀的精神意蕴。多民族和谐共处,多元文化互学互鉴,结成了荣辱与共的命运共同体,创造了"华戎交汇的都市"。

2019年8月19日,习近平总书记在敦煌调研时指出,敦煌文化是各种文明长期交流融汇的结晶,敦煌文化展示了中华民族的文化自信,要推动敦煌文化研究服务共建"一带一路",加强同沿线国家的文化交流,增进民心相通。2020年,敦煌市有幸当选2021年东亚文化之都城市,敦煌将以此为契机,深入贯彻落实习近平总书记视察敦煌重要讲话精神,推动敦煌文化服务共建"一带一路",积极主动融入文化之都建设,把闪亮的文化之都招牌和深厚的文化底蕴相结合,持续加强与日本、韩国等国家及国内"文化之都城市"的交流合作。

## 一、弘扬敦煌文化,擦亮城市文化品牌

深度挖掘敦煌文化内涵,打响敦煌研学、敦煌会展等十大品牌。建成莫高窟数字展示中心,成立敦煌文物保护研究中心,创造形成了壁画修复、数字化技术采集保存等文物保护利用的敦煌经验和敦煌标准。成功举办2020年中国长城论坛、2020年敦煌论坛、文化遗产保护管理与传承创新研讨会,以及敦煌石窟艺术展、莫高精神展等展览活动。引进中国人民大学、东华大学等战略合作者,挂牌成立敦煌文化学院,开设敦煌大讲堂、莫高讲堂,系统推进敦煌文化资源开发利用和宣传推广,城市文化品牌进一步传播。

## 二、推动文旅融合,增添城市发展动能

全力推动全域旅游示范区和大敦煌文化旅游经济圈建设,以文化提升旅游内涵层次,以旅游带动文化消费升级,培育引进《敦煌盛典》《丝路花雨》《又见敦煌》等文化演艺项目,开发文博体验、乡村休闲、户外运动、沙漠露营等新兴业态,研发壁画临摹、微电影制作、彩陶制作等旅游研学产品,敦煌礼物、敦煌故事、洛小北等一批文创企业发展壮大,

念念敦煌、如梦敦煌等千余款文创产品相继推出，以文化旅游产业为主的第三产业增加值占 GDP 比重超过 70%。

### 三、突出产城融合，打造艺术生态文明城市

城市承载文化，文化为城市注入灵魂；城市集聚产业，产业振兴城市；文化为产业提供内容，产业传播文化。三者互为依托、相辅相成。精心打造北台服饰、南仓乐舞等历史文化街区，推动敦煌郡城开发建设，同步推进街头村口敦煌元素设计实施，优化城市功能布局，延续城市历史文脉，稳步推进艺术生态文明城市建设。接力争创全国文明城市，使城市风格与服务功能内外兼修，塑造健康向上、催人奋进的城市人文精神。

### 四、扩大对外交流，激发城市发展活力

目前，唯一以"一带一路"国际文化交流为主题的丝绸之路（敦煌）国际文化博览会永久落地敦煌，并已成功举办 4 届，成为推动"丝路"沿线国家"加强文化交流、推动文化创新、加强文化合作"的重要平台。同时，常态化举办敦煌行·丝绸之路国际旅游节、敦煌国际设计周、全国美术展等品牌节会，承办"双遗"马拉松赛、丝绸之路国际汽车拉力赛、戈壁徒步挑战赛、自然高尔夫探索赛等国际品牌赛事，全力打造精品研学、户外体验、徒步挑战等特色品牌，搭建了国内与国际交流合作平台。

### 五、促进文化融通，涵养城市文化底蕴

敦煌市先后与日本臼杵市、镰仓市、日光市、韩国南海郡等缔结为友好城市，广泛开展学者互访、学术研讨、文物展示等方面的交流与合

作。鼓励支持文化艺术协会、旅行社协会等民间组织开展与日本、韩国等国家的文化交流与旅游合作，精心为日韩游客制作精品文化旅游产品。持续做好敦煌曲子戏、敦煌书法、敦煌剪纸等非物质文化遗产保护传承与开发利用，组织非遗传承人赴外进行成果交流，不断扩大敦煌的"朋友圈"。

## 六、"十四五"敦煌东亚文化之都建设愿景

"十四五"期间，敦煌将牢牢把握"一带一路"倡议和东亚文化之都建设新机遇，打造对外开放高地，坚定文化自信、打造文化高地，积极主动加强与各文化之都城市的沟通交流，构建常态化交流体系，推动城市文旅深度融合，形成"理念共通、情感共鸣、资源共享"的发展共同体，弘扬东亚文化之都精神，践行东亚文化之都使命。打造国际丝路文化旅游门户，全方位推动对外开放。办好丝绸之路（敦煌）国际文化博览会，吸引更多国际会议、大型演艺及保税商品展销等国际文博会展项目落地。加强同"一带一路"沿线国家、地区在经贸发展、产业投资、技术创新、科教文化等领域的交流合作，建设敦煌国际文化经贸日本交流中心。优化拓展国际友好城市关系网络，强化人文交流和经贸合作，扩大国际朋友圈。积极争取设立以版权交易、文化会展、文化贸易为主的保税区。积极发展对外文化贸易，试办国际通行的旅游体育娱乐项目。争取敦煌实施外籍人士过境144小时免签政策，争取实行"一带一路"沿线国家、主要旅游客源国旅游团免签证制度。加快筹建敦煌航空公司，新增国内航线6条，加快开辟直飞"一带一路"沿线国家的货运航线。

## 七、敦煌"十四五"城市文化体系建设摘要：厚植优势全力推进大敦煌文化旅游经济圈建设

认真贯彻落实习近平总书记在敦煌研究院座谈会上的重要讲话精神，

坚定文化自信，加快大敦煌文化旅游经济圈建设，全力打造丝绸之路文化制高点、国际性旅游目的地和中西方文化合作交流战略平台。深入挖掘敦煌文化价值和精神内涵，守好文化根脉，讲好敦煌故事，放大敦煌文化"富矿"资源，推进文化资源优势向产业发展优势转变，实现由"外延式增长"向文化旅游产业引领的"内涵型增长"转变。

### （一）加大敦煌文化保护和研究力度

全面加强敦煌文化保护和研究。坚持保护第一、科学适度利用原则，积极争取组建敦煌文物保护国家研究中心。加强与敦煌研究院的合作交流，建设具有国际影响力的世界敦煌学研究交流中心和敦煌国际显学研修中心。支持敦煌研究院建设世界遗产保护的典范和敦煌学研究高地。争取国家设立敦煌艺术学院，建成以敦煌学研究为基石，教、研、学、创、产多功能的国家人才培养基地和共享平台。全面加强市域历史文物保护传承区、遗产传承廊道和历史文化资源点的保护，加强非物质文化遗产的研究、保存、传承和展示，建设非物质文化遗产传承保护中心。推进创建敦煌国家级文化生态保护实验区，整合长城文化旅游品牌，努力建成长城国家文化公园的重要标志区和先行示范区。对玉门关及长城烽燧、悬泉置遗址等重点文物古迹和历史遗址充分保护与展示。延续和保持历史文化名城的整体空间环境、城市肌理、建筑风貌以及历史文化价值。

更高水平传承和弘扬敦煌文化。深化与国内知名研究机构和高校的全面合作，招引和组织专业力量，打造高水平敦煌文化研究队伍，通过深入挖掘、研究、弘扬敦煌文化和历史遗存背后蕴含的哲学思想、人文精神、价值理念、道德规范，彰显敦煌文化"文明交融、文化自信、奋斗精神、爱国情怀"的文化特质，提升敦煌文化弘扬传播的精度与深度，为新时代坚持和发展中国特色社会主义提供精神支撑。依托现代科技，推进智慧文化建设，构建多元文化传播格局，讲好敦煌故事，提升敦煌文化影响力。实施"文化"工程，促进文化融入农业、工业、旅游等各行业领域，推动敦煌文化创造性转化、创新性发展。

（二）做优全域旅游大格局

发挥大敦煌文化旅游经济圈核心带动效应。以大敦煌文化旅游圈建设为重点，着力推进文旅融合，加快重点支撑性项目建设，建立"一带一路"东西文明交汇交融中心，促进人文交流，放大文化集成效应。充分发挥龙头作用，示范带动瓜州、肃北、阿克塞旅游一体化发展，推动构建西四县旅游圈，实现圈内各县市理念规划互融、基础设施互联、产业形态互补、文化交流互通。加强与以酒嘉为核心的东三县嘉峪关旅游圈互动，共同打造丝绸之路精品旅游线西段。提升大敦煌文化旅游经济圈的辐射带动力，强化同河西走廊周边及丝绸之路沿线城市的文旅合作，形成圈廊结合、点线串联的文化旅游大格局。

提升全域旅游基础设施水平。落实大敦煌文化旅游经济圈建设规划，着力推进敦煌核心圈层建设。加快核心景区基础设施提质升级，实施鸣沙山·月牙泉基础设施提升、悬泉置交旅融合、玉门关遗址展示利用等景区建设项目，创建雅丹景区AAAAA级，完善旅游环线、星级公厕、道路标识等基础设施建设。提升旅游交通基础设施，开通市内旅游观光公交旅游环线，健全旅游交通标识体系，规划建设敦煌至雅丹旅游铁路和敦煌至悬泉置轻轨，构建核心景区、交通节点、旅游城镇无缝衔接的交通集散接驳和交通服务系统。加快智慧旅游建设，推进景区5G网络建设，打造景区5G直播、实景讲解、景区漫游、VR沉浸式体验等特色应用，推动景区环境监测、人流预警、自助服务、应急安全、智慧停车、智慧酒店等智慧旅游应用。

推进旅游业转型升级。与时俱进推进旅游产品创新、服务创新，对接市场导向，提供更多分众化、个性化的旅游选择，及时规范旅游新业态发展，满足游客不断增长的旅游需求。

推进景区扩容提质，深挖旅游资源特色，找准需求卖点，丰富莫高窟、鸣沙山·月牙泉、悬泉置、雅丹、玉门关、阳关等旅游体验业态。加大旅游淡季政策扶持力度，创新淡季旅游产品供给，完善淡季旅游服务设施建设。保持冬、春季旅游优惠奖励政策连续性，实施旅游景区、旅游饭店、旅游交通等淡季价格优惠联动机制，加快带动冬春旅游发展。

积极发展田园综合体、特色小镇，整合旅游资源，打造阳关等以沙疗养生、沙漠户外运动、沙漠绿洲休闲等业态聚集的国家级旅游度假区。启动沙漠露营公园建设，整合提升户外业态，规范丝路古道、阳关古道等精品徒步线路运营，策划推出悬泉置古道、汉长城古道徒步线路，打造高端户外旅游品牌。大力发展高端民宿，打造莫高镇、七里镇、阳关镇等精品民宿集群。

持续繁荣夜间经济，建设名优小吃广场、文化商业街、沿河风景线、沙漠露营地等夜间消费场所，开发夜品佳肴、夜习科普、夜健体魄、夜间演艺等特色化、个性化夜间消费产品，策划组织戏曲、电影、音乐、读书等夜间文化，丰富夜间经济消费业态，打造高品质夜间营商消费环境。

推动旅游多元产业融合发展。着力促进休闲观光、自驾旅游、户外运动、旅居康养等新业态发展，创新开发星光夜宿、大漠揽胜、极限挑战等特色产品，积极培育新引擎和新动能。深入推动文化旅游与体育融合，打造以走、跑、飞、驾、攀、骑、滑、蹦为核心的户外休闲健身运动，办好敦煌双遗马拉松、丝绸之路全国自行车拉力赛、中国越野拉力赛、敦煌国际企业戈壁徒步挑战赛等高端体育赛事，形成以品牌体育赛事为引领，户外休闲运动为核心，集体育用品制造、销售和体育传媒、培训、赛事、中介为一体的综合发展格局。深入推动文化旅游与医疗健康融合，挖掘敦煌中医药文化的深厚底蕴，推进养老、养生服务与医疗、家政、保险等相关领域互动发展，规划建设旅居康养中心。深入推动文化旅游与工业、科技、教育、农林等其他产业融合，促进游客结构优化升级。

强化旅游宣传营销。坚持线上精准发布、线下精准营销，建立健全旅游宣传营销体系。建立敦煌旅游大数据平台，分析重点客源市场，深化与互联网、新媒体的融合，搭建旅游信息发布平台，宣传敦煌旅游形象，提高央视等主流媒体形象宣传频次，瞄准京津冀、长三角等旅游客源地精准宣传营销，形成多角度、全方位、高密度的宣传推介格局。

加强旅游市场监管。修订旅游业奖励扶持办法，鼓励引导旅行社走品牌化、规模化、组团化发展之路，出台研学、会展、户外、出入境市场专营等方面奖励扶持政策。强化政策资金扶持，组建、培育和扶持一批实力较强的文化旅游市场主体。不断完善旅游行业领域制度，建立长效化务实管用的制度体系。发挥协会组织作用，不断加强旅游从业人员诚信教育、法治教育和安全教育管理。完善市场准入退出、服务质量等级评定、诚信评价"红黑榜"等制度机制，健全游客满意度调查评价体系。加大对侵害游客权益、扰乱旅游市场秩序等违法犯罪案件的查处力度。加强文化旅游市场整治，开展文化旅游专项整治行动，集中清查住宿餐饮、交通运输、景区景点、沙漠露营等行业。加大科普宣传力度，加大舆情引导力度，充分利用大数据技术，做好重大舆情监测和突发事件处置工作，提升敦煌旅游品牌形象。

## (三) 做大文化产业

坚持文化研学和文化会展两大主攻方向,大力推进从文化遗产保护向文化旅游消费再向文化产业创新发展,建设国家级文化产业示范核心区,提升敦煌品牌的国际影响力,以文化引领大敦煌核心圈经济转型发展。

培育文化研学产业。依托敦煌文化学院主阵地,深化与中国人民大学的合作,围绕"弘扬敦煌文化,坚定文化自信"主题,广泛开展干部研学培训、中小学生文化体验、企业职工素质提升和国际国内文化交流等敦煌文化研学活动。启动敦煌文化研学基地、敦煌文化自信展示馆建设,精心打造敦煌艺术、丝路文化、边塞屯守、乡村民俗等研学产品线路,丰富研学课程内容设计,构建完备的文化研学产业链,吸引国内外研学团队到敦煌开展"文化自信"教育培训和敦煌文化研学,将敦煌文化学院打造成以"文化、自信"为主题的全国一流教育培训基地。

做大文化会展产业。放大文博效应,依托敦煌品牌,吸引国内外文化交流、品牌赛事、文化创意、书画展览、服装设计、新型能源、影视传媒等方面的会展活动。大力培育会展企业,打造国际会展品牌,加大展馆建设力度,健全会展业服务体系,做深做实会展产业链,加快会展产业向市场化、专业化、品牌化、国际化方向发展。推动"会展+商贸+旅游"深度融合,创造开发会展旅游特色产品,推动会展衍生业态的发展,将敦煌市建设成为国际一流的会展名城。

实施敦煌品牌工程。打造敦煌文化IP体系,推进敦煌旅游、敦煌研学、敦煌会展、敦煌郡城、敦煌民宿、敦煌古乐、敦煌舞、敦煌服饰、敦煌学术周、敦煌艺术节十大品牌创建,为国内国际提供优质文化产品和服务。吸引国内外知名艺术家、作家、音乐家、画家、摄影家云集敦煌，依托敦煌文化资源，打造大师工坊聚落。充分利用敦煌文化中的书法、绘画、雕塑、石刻、木刻、刺绣、剪纸、面食制作等民族民间工艺美术技艺，支持和培养一批敦煌文化艺术大师。与一流企业、院校和平台建立长期稳定的合作关系，加快文化智库平台建设，加强敦煌文化在国内外的传播与交流，推进敦煌文化产品和服务"走出去"，提高敦煌文化的知名度与美誉度。

加强文化平台和文化市场主体建设。按照运行方式集聚化、布局方式集群化、发展方式集约化的原则，建设敦煌国家级文化产业示范园。争取上级政策支持，推进重点文化项目、优质文化企业向国家级文化产业园区核心区集聚，提升园区整体竞争力和示范带动力。按照重资产与轻资产并重，在地、在线、域内外并重，特质与品牌优先的原则，加强文化企业培育及文化企业总部招引。聚集有实力的企业入驻文化产业示范园区核心区，开展文化产品创意、设计、生产、销售业务。加快搭建创业孵化、文化科技、文化金融、展览展示、人才服务等公共平台，打造系统完整、运行高效的文化产业创新支撑体系。

做大文化创业产业链条。聚焦深耕文化创意、动漫影视传媒、文化演艺等细分产业，释放敦煌文化资源"富矿"效应。依托敦煌石窟、敦煌服饰、敦煌彩塑等文化遗产，做精文化创意和工艺品加工产业。依托大敦煌圈自然风光、敦煌乐舞、民族民俗、历史文化资源，做大演艺影视和传媒产业，培育动漫游戏产业。依托敦煌研究院文物保护平台和研究成果，做强文物保护与修复业。设立敦煌文化产业引导基金，建立文创产品研发和营销基地，支持演艺产品推陈出新，加快美术敦煌、音乐敦煌、舞蹈敦煌、服饰敦煌等文化产品培育。大力发展文化文创产品保税加工及物流、跨境电商，文创研发、艺术品保税仓储展示展销等业务。争取设立敦煌口岸进出境免税店（含市内），放宽免税购物次数和额度，逐步形成区（综保区）、港（进出境口岸及免税商店等）联动发展的免税购物综合体。

实施文化产业数字化战略。引导支持文化业态、文化消费模式与现代数字技术相融合，提升文化产品的科技含量和传播广度。打造文化艺术品电子交易平台，开发特色文化体验消费，培育新的文化消费增长点，拓展文化消费空间和消费业态，加大文化消费品牌引领力度。

# 东亚文化之都建设与文明遗址保护：哈尔滨个案

哈尔滨市委常委、统战部部长 孙永文

作为东亚文化之都的哈尔滨地处东北亚区域中心，是欧亚大陆桥和空中走廊的重要枢纽城市。哈尔滨是国家级历史文化名城，不仅是金、清两代王朝的发祥地，也是伴随19世纪末中东铁路修建而兴起的国际化城市。中西文化交融共生，铸就了哈尔滨开放、多元、包容的文化之魂。20世纪初，这里曾汇聚33个国家20多万侨民，19个国家在此设立领事馆，城市充满欧陆风情，荟萃了巴洛克、拜占庭、古典主义、折中主义等欧洲各大流派建筑，被联合国认定为"万国建筑博物城"。早期西方古典艺术的渲染，积淀了哈尔滨厚重的音乐文化底蕴，诞生过首家电影院、交响乐团、芭蕾舞团、音乐学校等诸多中国"第一"。"哈尔滨之夏音乐会"历经60载，成为国内历史最悠久的城市音乐节，2010年，联合国授予哈尔滨"世界音乐之城"荣誉称号。

尽管现代哈尔滨仅有百年城史，却承袭千年文脉。这里的千年指的就是"女真肇兴地、大金第一都"的哈尔滨金上京遗址。金上京是我国女真族所建金朝的早期都城，是女真族发展、壮大、立国、称帝等金朝早期极其宝贵的实物史料。女真民族雄踞北方的历程和他们创造出的绚丽多彩的金源文化，阐释出中华文明是女真人与汉族及其他各民族相互交流的成果。金上京遗址于2005年被列入全国100处重大遗址，2012年被列入中国世界文化遗产预备名单，2013年国家文物局批准金上京国家考古遗址公园立项，哈尔滨市加大规划力度，开发金源文化旅游路线，并于2020年完成了《金上京遗址保护条例》立法。

哈尔滨的"百年城史"兴起于中东铁路大桥。大桥于1898年建设，1901年开通。100余年来，中东铁路大桥见证着哈尔滨从无到有的沧桑历史。2016年，哈尔滨市委、市政府利用大桥横跨松花江的特殊地理位置，耗资10余亿元依托其建设了中东铁路公园和城市慢行系统。该公园连接哈尔滨市4个区，面积约6.5万平方米。建成后，吸引了大量市民和中外游客，迅速成为新的休闲娱乐和旅游观光打卡地。

源远流长的金源文明、传承百年的音乐文化、韵味浓郁的欧陆风情、魅力独具的冰雪艺术，共同构成了哈尔滨中西合璧、开放包容的文化特质。党的十九大将"加强文物保护利用和文化遗产保护传承"作为文化自信的一部分写进报告中，保护文化遗产，不仅是保护古迹遗址，更是守护历史文脉，坚定文化自信。在创建东亚文化之都的过程中，哈尔滨市委、市政府对历史文化遗产保护传承工作高度重视。

## 一、深度追寻历史文化印记，着力打造风格独具的品位之城

坚持把延续历史文脉贯穿于城市规划建设中，统筹建筑风格和色彩主基调，将历史建筑保护纳入"多规合一"城市规划。在老城区，主打"古典复兴"，犹太老会堂、伊维尔教堂、中华巴洛克等一批经典老建筑和老街区重现历史风貌，松花江中东铁路桥、车辆厂老厂房等城市遗产，改造成为人们品味历史、记住乡愁的文化休闲场所。在新城区，开发了关东古巷、哈尔滨音乐厅、哈尔滨大剧院等一批彰显地域特色的文化新地标，成为城市一道靓丽风景线。

## 二、加强历史文化资源的保护和开发，进一步彰显东亚文化之都城市风貌

强化城市设计，推动哈尔滨博物馆群、花园街等老建筑、老街区功能修复。进一步健全覆盖历史建筑、工业遗产和非物质文化遗产的文物保护体系。下一步重点推动金上京申遗、花园街黄房子、中华巴洛克等历史街区的保护利用和业态整治，进一步赋予历史建筑新的业态功能，最大限度保护城市文化基因，恢复城市记忆、传承城市文脉。

## 三、深入整合品牌文化资源，着力打造休闲时尚魅力之城

在冬季，依托国际冰雪节，积极举办冬泳、冰球、滑雪等冰雪运动项目，开展冰雕赛、电影节等文化活动。在夏季，整合丁香节、湿地节、音乐节、啤酒节，开展为期4个月的"迷人的哈尔滨之夏"文化旅游时尚系列活动，哈夏音乐会、中俄文化交流周、油画展、老街音乐汇、国际马拉松等活动亮点纷呈。

## 四、推动文物利用与旅游产业融合发展，打造国际文化旅游之城

以文促旅，以旅彰文，把文物资源转化为文化旅游产业发展优势。进一步打造一批最能体现城市文脉的历史文化品牌。结合革命文物保护，规划好第四野战军纪念馆、抗联遗址等红色旅游线路。培育以文博单位为支撑的体验旅游、休闲旅游、研学旅行和夜经济专线，真正让文化"活起来"、文物"会说话"。与东亚文化之都联盟城市携手，将东亚文化之都品牌推向新的发展高度。

## 五、"十四五"哈尔滨东亚文化之都建设愿景

"十四五"期间，哈尔滨将以东亚文化之都为战略抓手，深入扩大全

方位对外交流合作，深度融入"一带一路"建设，拓展对日韩经贸投资合作，以哈尔滨新区、临空经济区为平台，采取飞地经济模式规划建设中日、中韩产业园，吸引日韩项目投资。积极开拓日韩入境旅游市场，扩大与日韩在影视制作、动漫、创意设计、会议展览等领域合作。超前谋划对外务实合作，以国际友城为平台，依托华侨、华商和留学生，建立海外哈尔滨籍华人华侨商会、协会、联盟，形成以对俄为重点、东北亚和中东欧全方位对外开放合作新格局，大力推动"南联北开"，提高"引进来"的吸引力和"走出去"的竞争力，促进更大范围、更宽领域、更深层次的开放合作。

## 六、哈尔滨"十四五"城市文化体系建设摘要——推进文化繁荣发展提升城市软实力

坚持马克思主义在意识形态领域的指导地位，坚定文化自信，以社会主义核心价值观引领文化建设，加强社会主义精神文明建设，落实文化强省建设部署，满足人民群众精神文化需求，为全面振兴、全方位振兴提供强有力的精神文化支撑。

### （一）提高社会文明程度

深入开展习近平新时代中国特色社会主义思想学习教育，持续推动党的创新理论成果深入人心。推动理想信念教育常态化、制度化，加强党史、新中国史、改革开放史、社会主义发展史教育，以及爱国主义、集体主义、社会主义教育，弘扬民族精神、时代精神、抗疫精神。推进公民道德建设，加强家庭家教家风建设，建立完善的法规政策体系，促进家庭文明建设，引导市民崇德向善、文明守礼。加强青年思想道德建设，实施青年马克思主义者培养工程，培育优秀青年马克思主义者500名以上。健全志愿服务体系，广泛开展志愿服务关爱活动。倡导艰苦奋

斗、勤俭节约，培养节约习惯，坚决杜绝"舌尖上的浪费"。加强以劳动创造幸福为主题的宣传教育，弘扬劳动最光荣、劳动最崇高、劳动最伟大、劳动最美丽的社会风尚。实施文明创建工程，深化开展文明城市、文明村镇、文明单位、文明校园、文明家庭创建活动，建设新时代文明实践中心，推动形成适应新时代要求的思想观念、精神面貌、文明风尚、行为规范。打造清朗网络空间，发展积极健康的网络文化。

**（二）繁荣城市特色文化**

深入挖掘金源文化、欧陆风情、东北抗联、音乐冰雪等文化资源，推动优秀传统文化创造性转化、创新性发展。强化金上京会宁府遗址、依兰陨石坑等重要文化和自然遗产、非物质文化遗产系统性保护，推动哈尔滨卷烟厂旧址、东北轻合金加工厂等国家工业遗产资源保护开发利用，加强方正剪纸、巴彦书法、阿城版画等优秀传统手工工艺保护和传承，多元培育哈尔滨冰雪节、音乐节等特色节庆品牌。实施文艺作品质量提升行动，加强现实题材创作生产，不断推出反映时代新气象、讴歌人民新生活、颂扬践行新理念的文艺精品。弘扬诚信文化，促进信用体系建设工作向社会各领域全面延伸。

**（三）提升公共文化服务**

坚持党管媒体原则，加强广播电视、党报党刊、官方网站等主流媒体及传播手段的建设和创新，高扬主旋律，传播正能量，建设东北亚外宣基地等外宣平台，讲好"哈尔滨故事"。推进媒体深度融合，实施全媒体传播，建强用好市级、县级融媒体中心。重视和加强地方志工作，提升市、区县（市）档案馆服务功能和水平。创新实施文化惠民工程，推动基本公共文化服务标准化、均等化发展，加快区县（市）、街道（乡镇）社会文化设施网络标准化建设，免费开放"三馆一站"，加强博物馆、图书馆、文化馆等建设，推进城乡公共文化服务体系一体化建设。

### （四）发展现代文化产业

坚持把社会效益放在首位、社会效益和经济效益相统一，深化文化体制改革，完善文化产业政策体系，建设导向正确、规范有序、充满活力的现代文化产业体系和市场体系。推动文化产业数字化，加快培育发展新型文化企业、文化业态、文化消费模式。探索哈尔滨大剧院、音乐厅等文化设施多元化运营，引进和培育一批首演、驻演的名剧名作节目，打造享誉国内的文化地标。实施现代文化产业高质量发展行动，培育一批龙头企业和特色平台，建设一批支撑项目。推进文化与旅游、体育的融合发展，培育一批以冰雪特色为主的精品赛事和国际一流体育赛事，做优哈尔滨国际马拉松等自主品牌体育赛事，推动专业体育赛事与全民健身联动发展，擦亮哈尔滨国际冰雪节、迷人的哈尔滨之夏、中央大街、冰雪大世界、太阳岛风景区、亚布力滑雪等金字招牌。

# 以东亚文化之都为"桥和船"推动瓯越文化融入世界发展新格局

温州市委常委、宣传部部长 胡剑谨

以4个词语介绍温州：一是商行天下。温州以"商"起家、以"商"闻名，是中国改革开放先行地、民营经济重要发祥地。我们将温州人创业创新的故事，拍摄成电视连续剧《温州一家人》《温州两家人》《温州三家人》，以地名冠以剧名、以剧情展示国情，成为独特的城市IP在全球传播，形成独特的文化现象。2017年6月7日，在对哈萨克斯坦进行国事访问前夕，习近平总书记发表署名文章，以《温州一家人》为例，谈中哈人文交流。二是文脉延绵。温州是有着5000多年文明史、2200多年建城史的国家历史文化名城，是东瓯王国的故地，是中国山水诗的发祥地、中国南戏的故乡、中国数学家的摇篮。南宋叶适的永嘉学派、明初刘伯温的经世致用思想、晚清孙诒让的治学兴业理念，影响着一代又一代的温州人。三是诗画山水。温州是一座通江达海、山城相拥、陆海交融的滨海城市，集山、江、海、湖、岛、瀑布、湿地之大成，有AAAAA级景区世界地质公园雁荡山、伯温故里，世界遗产候选单位泰顺廊桥、雁荡山—楠溪江，在温州可充分领略山之奇秀、水之秀美、海之神韵、文之灵气。四是幸福温州。温州拥有全国文明城市、中国最具幸福感城市、中国气候宜居城市、全国七星级慈善城市、全民阅读示范城等许多"幸福金名片"，打造了"明眸工程""微笑联盟"等走向世界的慈善项目，打响"大爱城市、诚信社会、道德高地"的城市品牌。

2021年7月16日，习近平主席在亚太经合组织领导人非正式会议上的讲话深刻分析国际形势，对"加强团结合作，努力克服疫情影响，推动世界经济复苏"提出4点倡议，强调开放融通是大势所趋。东亚文化之都是实现开放融通的"桥"和"船"，我们希望乘着东亚文化之都的东风，生动讲好"续写创新史"的温州故事、"重要窗口"的浙江故事、"共同富裕"的中国故事。

## 一、把瓯越文化挖掘好，彰显文化温州时代气息

在建党百年的历史性时刻，中共中央赋予浙江高质量发展建设"共同富裕示范区"的光荣使命，共同富裕离不开精神富有。中共温州市委全会审议通过打造"共同富裕市域样板"温州行动方案。同时，最高规格配套出台高水平推进文化温州建设的决定。我们将利用温州文化多样性的特征，聚焦提升城市精神凝聚力、地域文化辐射力、城市品牌影响力、公共文化服务力、文化产业竞争力、数智赋能引领力，全面启动新时代文化温州建设。通过组织开展"南戏900年看温州"、刘伯温诞辰710周年、永嘉大师著作国际版本展示、姜立纲书法史料国际交流、五洲艺术团展演、"世界看见·温州非遗"海外传播等国际研讨和交流活动，进一步打响"戏曲故里""歌舞之都""书画名城""百工之乡"城市文化品牌，为瓯越文化"走出去"奠定坚实基础。

## 二、把瓯越文化转化好，赋能创新之城高质量发展

2021年7月10日第二届国际工业与能源互联网创新发展大会在温州召开，为加快推进数字中国和"双碳"（碳达峰、碳中和）战略落地给出了温州方案，得到了海内外媒体高度关注。2022年，是"'东亚文化

之都'·中国温州活动年"。同年温州还将承办杭州亚运会龙舟赛事。温州将紧扣"两亚"契机，把握科技创新机遇，把文化作为提升城市能级的重要支撑，搭建起体育、科技、时尚、数字与文化交流融合大平台。高水准举办世界温州人大会、温州国际时尚文博会、温州国际设计双年展、中国国际网络文学博览会、国际龙舟赛事、青灯市集全国美学大会等系列城市品牌节庆活动，塑造"国际化、时尚化、年轻化"城市形象。高水平举办世界青年科学家峰会，推动会址永久落地温州，加大温籍数学家年谱研究力度，用好国家级"科学家精神培育基地"，大力弘扬科学家精神，融入世界科技话语体系。推进数字技术助力旅游复苏，积极创建国家级夜间文化和旅游消费集聚区，打响中国寓言小镇、"侨家乐"文旅融合品牌，打造国际化休闲度假旅游城市，让温州成为各路英才创业创新创富的沃土。

### 三、把瓯越文化传播好，共促世界文明交流互鉴

世界温州人是文化温州"走出去"的最大优势。温州有70万人走出国门，足迹遍布全球131个国家，175万人在全国各地创业发展。习近平总书记曾勉励温州，"不但成为本土的温州、全国的温州，更要发展成为世界的温州"。接下来，将进一步放大对外文化交流与传播温州经验，深化海外传播中心建设，深耕"海外传播官"队伍，依托新闻文化信息共享平台，用好全资收购的《欧华联合时报》、与中国国际广播电台合作的温州话栏目《魅力温州》、新建成的《美丽温州》《海外发布》等海外英文传播矩阵，组织开展"与世界握手"海外华文媒体看温州、"温州邂逅"国际友城、"遇上温州"中外艺术家交流、"海外中餐馆同讲中国好故事"等对外交流活动，吸引全球友人，走进温州、打卡浙江、喝彩中国。

## 四、"十四五"温州东亚文化之都建设愿景

温州将在"十四五"期间深入推进东亚文化之都建设，进一步扩大文化交流传播，加强与日韩等东亚国家的文化交流，打造对外交流的示范城市、在东亚具有重要影响力的历史文化名城。发挥温州人在外"商行天下、侨连世界"的独特优势，拓展对外交流渠道，打造讲好温州故事、展示对外形象的移动视窗。加快建设国际传播话语体系，加强与"一带一路"沿线国家、周边国家和重点交流国家的文化交流。坚持政府引导、民间互动相结合，构建多层次、多形式的文化交流体系，推进图书、影视、文艺演出、书画展览等多领域的文化交流。开展"美丽温州""瓯越文化"等交流活动，办好温州国际时尚文化创意产业博览会、浙江（温州）轻工产品暨国际时尚消费博览会等重大节会，不断提高城市品牌影响力和文化传播力。

## 五、温州"十四五"城市文化体系建设摘要——建设新时代文化温州

深化文化强市战略，大力实施新时代文化温州工程，以激发文化引领力、创造力为中心，深入推进文化改革发展，推动文化事业全面繁荣、文化产业创新提升、优秀传统文化保护传承，打造在全国具有较强影响力的文化高地。

### （一）全面提高社会文明程度

弘扬城市人文精神。推动学习贯彻习近平新时代中国特色社会主义思想走深走心走实，深化铸魂工程、溯源工程、走心工程，打造学习传播实践的重要阵地。深入开展中华民族伟大复兴中国梦宣传教育活动，培育践行社会主义核心价值观，落实意识形态工作责任制，增强"四个

意识"，坚定"四个自信"。弘扬"敢为人先、特别能创业创新"的温州人精神，持续注入追求卓越、守正出新、富于创造、大气包容、美美与共、奋斗奋进的时代内涵，增强全体温州人的文化认同。

深化全域文明创建。巩固全国文明城市创建成果，持续提升城市公共环境、公共秩序和公共管理水平，打造更高水平全国文明城市。深化文明城市梯度创建，推动创建工作向县（市、区）延伸，培育"文明城市集群"。持续深化文明村镇、文明单位、文明家庭、文明校园等群众性文明创建，形成城乡一体的全域文明创建格局。

加强公民道德建设。深入实施公民道德建设工程，推进社会公德、职业道德、家庭美德、个人品德建设。深化未成年人德育建设，开展"扣好人生第一粒扣子"主题教育实践活动。深化开展"最美温州人"主题宣传活动，用好温州道德馆，加强荣誉市民、见义勇为等先进事迹宣传，持续打造"大爱城市、诚信社会、道德高地"城市品牌。建立惩戒失德行为的常态化机制，加大对道德领域突出问题的治理力度。加强爱国主义教育基地建设使用管理，广泛开展爱国主义主题教育实践活动，弘扬爱国主义精神。

培育社会文明风尚。全面实施"新时代文明生活"行动，加快新时代文明实践中心建设，构建覆盖县乡村三级的新时代文明实践体系，深化"文明出行""文明餐桌""文明礼仪"等系列文明好习惯养成工程。弘扬优秀传统文化，深化移风易俗"温州经验"，推进小城镇文明行动，培育文明乡风、良好家风、淳朴民风。推进公益广告宣传提质增效，普及现代文明礼仪规范。加快推进志愿服务和诚信建设制度化，开展"我们的节日"等群众性活动，满足群众精神文化需求。

## （二）让公共文化服务走进千家万户

加强公共文化设施建设。规划建设温州市城市档案中心、温州美术馆、温州市非遗馆、中国寓言文学馆和智媒信息港,改造提升温州大剧院等重点文化设施,完善温州音乐厅等项目,打造更多文化新地标。落实新建、改建、扩建居民住宅区配套建设公共文化设施的要求,编实织密基层公共文化设施网络,打造更多群众家门口的"文化礼堂""文化驿站",加快形成城市"15分钟文化圈"、农村"30分钟文化圈"。推进公共文化设施免费或优惠开放。

创新公共文化服务方式。推进国家公共文化服务体系示范区建设,健全以需求为导向的公共文化供给机制。高水平开展文化惠民工程,扩大基层文化惠民工程覆盖面,创新实施温州艺术节、市民文化节等活动。组织开展形式多样的文化下乡活动,扩大送戏、送书、送展览范围。实施温州市技艺普及工程,统筹开展市文化馆、市文化驿站文化交流活动,推动从"送文艺"向"种文艺"转变。深化"阅读温州"建设,推动全民阅读立法,举办全民阅读节,完善以公共图书馆、城市书房、农家书屋、实体书店等为支撑的公共阅读服务体系,打造全民阅读的书香之城。运用数字技术与网络技术,推动公共文化资源联网上云,提升公共文化服务半径和服务品质。大力推动媒体融合发展,深化市级新型主流媒体建设,加强县级融媒体中心建设。扩大政府购买公共文化服务目录,鼓励引导社会力量参与。

提升文艺精品创作水平。完善文艺精品扶持奖励办法,建设文艺精品种子库,推动温州剧本中心建设。深入实施青年文艺人才培养"新峰计划",建立优秀文艺人才储备库,加大对文学、剧本、作曲等文艺创作原创性、基础性环节和优秀创作人才的资助力度。深入实施文艺精品创作星火计划,着力在戏剧、影视动漫、文学等重点领域,创作一批具有温州地域特色、展示温州人文精神、深受人民群众喜爱的优秀文艺作品。

### （三）不断激发文化创新创造活力

全面深化文化发展改革。以政事分开、事企分开、管办分离为导向，推动政府由"办文化"向"管文化"转变，增创市场有效、政府有为、群众受益的体制机制新优势。深化国有文化资产管理体制改革，健全管人管事管资产管导向相统一的国有文化资产管理体制。深化国有文艺院团改革。深化志愿服务体系改革。健全"扫黄打非"工作长效机制。全面抓好非遗在社区试点改革工作。加快文化产业数字化发展，推动文化产品和服务升级。积极探索公共文化事业单位公益性服务评价机制。完善文艺精品创优引导激励机制。

推动文化产业融合创新发展。深化数字技术在文化产业领域的创新应用，重点发展创意设计、数字创意、影视内容、工艺美术、文化制造等优势产业。推动优秀传统文化产业改造提升，做强"中国教玩具之都""中国印刷城""中国制笔之都""中国商务礼品生产基地""中国工艺礼品生产基地"等特色基地。大力发展网络视听、数字出版、数字教育、动漫游戏等新兴文化业态。创建全国版权示范城市，支持文化特色小镇、重点文化产业园区、文化创意街区建设，高水平打造瓯江南岸—塘河沿岸文化休闲带和古城文化核心区。加强文化执法监管，推动文化市场健康发展，壮大文化市场主体。健全市场准入和退出机制，打造各类市场主体公平竞争的市场环境。建立多层次优供给的文化产品和要素市场，培育和扩大文化消费。实施文化企业培育计划，推动小微企业向"四上"企业转变，加大成长型企业扶持力度，支持文化产业集团做大做强。推进文化企业利用多层次资本市场发展壮大，跨区域、跨行业开展兼并重组。鼓励文化企业参加重要国际性文化节展和对接活动，增强国际市场开拓能力。

## （四）扩大城市文化影响力

大力弘扬瓯越文化。深入实施温州学研究工程，持续深化永嘉学派、瓯江山水诗等优秀传统文化研究，筹建温州学研究院，建设永嘉学派馆，实施在外温州文献回归工程，深入挖掘文化内涵，推进文化基因解码，推动经典文化活化，延续城市历史文脉，提升城市文气。全面推进瓯江山水诗路文化带建设，挖掘、提炼和激活"古城""山水""耕读""名人""百工""红色"等优秀传统文化的时代价值，聚焦文化名山、人文水脉、诗路古村、遗址公园等，打造一批诗路"耀眼明珠"，不断擦亮"中国山水诗发源地""南戏故里""歌舞之都""书画名城""百工之乡"等文化金名片，打响"中国数学家摇篮""中国寓言文学创作之乡"等文化品牌。实施"千年古城"复兴工程，支持永嘉枫林镇等申报和创建省级试点，打造一批古城文化肌理保存完好的名城古镇。推进诗路文脉、交通、旅游、数字"串珠"，建设省数字诗路 e 站永嘉体验中心，创建"中华诗词之乡"。实施谢灵运在温州遗迹"串珠"工程，串联雁荡山、楠溪江、江心屿、斗城、塘河等诗意场景，推出标志性山水诗路旅游产品。

加强历史文化遗产保护传承。坚持城市有机更新和文脉延续相统一，重视考古调查与挖掘，推进曹湾山遗址、瓯窑小镇、瓯江山水诗路文化带的城市印记和文化遗产保护利用。深化历史文化名城名镇名村、历史文化街区、历史建筑、名人故居、红色文化遗址的有效保护和适度利用。完善历史文化遗产保护体系，推进泰顺廊桥、苍南矾矿工业遗址、雁荡山—楠溪江申报世界文化遗产，实施以传承人培养保护为重点的非遗传承工程。积极申报古典戏曲文化保护传承基地。推进各类博物馆建设和更新改造，加强馆藏文物的征集与研究利用，深化博物馆策展人制度、文物点阅与夜间主题开放活动，强化博物馆区域联动与资源共享，提升博物馆服务水平。挖掘地方特色的家族谱牒文献，以数字化手段进行保护传承。

# 东亚文化之都发展共同体理念下的西安实践

西安市人民政府副市长　沈黎萍

文化无形，但跨越地域，穿越时空，将中日韩三国紧密联系在一起。各国人民在交流合作中从彼此的文化中寻求智慧，汲取营养，在相互了解中加深理解、认同、信任。东亚文化之都城市是理念共通、情感共鸣、资源共享的发展共同体。2019年，西安与日本东京都丰岛区、韩国仁川广域市共同当选东亚文化之都，加入了这个大集体。西安以此为契机和抓手，着力深化国际文化交流，加速城市文化建设，不断擦亮东亚文化之都这一城市文化名片。

## 一、打造城市文化品牌"新名片"

2019年，以"东亚文化之都·古韵风华"为主题，策划实施了文化遗产、年俗、艺术、旅游、音乐、阅读、文创、影视8大类40余项精彩纷呈的特色活动。同时，与东京都丰岛区、仁川广域市共同携手，开展了池袋动漫嘉年华、东亚文化生活庆典、中日韩文化艺术节、国际时装周等系列活动，打造"永不落幕的文化之都舞台"，既彰显了中国气派、陕西风格、西安特色，又加深了相互之间的交流与合作，将东亚文化之都"活动年"推向高潮。

## 二、提升城市文化品牌"新内涵"

东亚文化之都西安活动年结束一年多了,但三地的文化交流步伐始终没有停歇、对话渠道始终保持通畅。2020年,面对新冠疫情肆虐,三地互发慰问信,相互加油,并邮寄了口罩等抗疫物品;组织三国城市大学生"同唱一首歌";仁川广域市举办音乐节,西安市市长送上祝贺视频;西安组织2021年东亚文化之都新春音乐会,仁川广域市和东京都丰岛区市长也传来问候,这些活动持续推动文化之都城市间的人文交流和人心相通。

## 三、塑造城市文化品牌"新形象"

深入学习习近平总书记来陕考察关于"扎实加强文化建设"的指示精神,坚持一手抓活动、一手搞建设,努力把东亚文化之都品牌效应转化为建设城市文化新形象。目前,西安市博物馆数量已突破150座,小雁塔、碑林博物馆和易俗社等历史文化片区改造,高品质酒店建设、民宿发展、5A级景区创建等进入全面加速期,"千年古都·常来长安"文旅品牌影响力持续扩大、深入人心。

在文化和旅游部的支持指导下,成立的东亚文化之都工作机制,将进一步推动各城市间的文化交流与旅游合作。希望借助东亚文化之都工作机制这个平台,深化文化之都城市间互学互鉴,共谋合作,共促发展。为此提出以下三点建议。

第一,建议进一步丰富文化之都活动参与性。

随着更多的城市当选,东亚文化之都"朋友圈"越来越大,"活动年"不仅是当年当选文化之都城市的"独奏",更可以是全体文化之都城市的"大合唱"。建议在举办"活动年"期间,当年当选城市唱好"主角"，我国各文化之都城市主动当好"配角"，在各自城市提前为活动年宣传预热，并积极参与年度当选城市的各项活动，为当选城市送游客、送节目、送活动。在宣传推介各文化之都城市旅游资源、文化产业和城市特色的同时，扩大提高当选城市"活动年"的规模和水平。

第二，建议进一步提高文化之都品牌影响力。

品牌就是价值，就是影响力。作为一个大型文化外交活动，东亚文化之都从一开始就具备了层次高、受众广、影响大的品牌化特征。对于当选城市来说，这不仅仅是一块牌子，也是向世界展现中华文化价值、彰显文化自信的重要舞台。建议充分调动各种媒介，广泛组织宣传东亚文化之都发展成就，支持文化之都城市在文化、旅游、体育、媒体等领域交流合作，形成全方位、深层次、多渠道合作架构。并在工作机制框架下积极探索以长效机制推进东亚文化之都后续建设工作，把"文化之都"这篇大文章做扎实、做长远，成为推动城市全面发展的新动能。西安愿与各文化之都城市一道，进一步凝聚思想共识，丰富交流形态，推动文化繁荣、文明共享。

第三，建议进一步促进文化之都文旅融合发展。

文化是旅游的灵魂，旅游是文化的重要载体。跨国文化交流活动必然带来人员跨国移动，进而促进跨国商务旅游、文化旅游等活动。在宏观经济下行压力持续增加的形势下，旅游业却逆势上扬，成为我国经济转型升级、促进消费、拉动内需的重要支柱产业。2019年，西安市共接待海内外游客3.43亿人次，同比增长21.71%。特别是东亚文化之都"活动年"的举办，使入境游人数超过300万，其中全年接待韩国游客同比增长44%，在所有国家游客中排名第一；接待日本游客全年同比增长38%，排名第三。建议加强对文化之都城市的指导，帮助文化之都城市提升文化节庆活动的品牌营销，吸引境外游客，使文化之都城市成为东亚乃至全球游客深度感受中华文化的重要承载地和目的地，更为立足新发展阶段、贯彻新发展理念、构建新发展格局贡献文旅人的智慧和力量。

## 四、"十四五"西安东亚文化之都建设愿景

"十四五"期间，西安将坚持全面深化改革、扩大高水平开放，用好东亚文化之都、东盟中日韩"10+3"文化城市网络平台，深度融入共建"一带一路"大格局，做优开放通道、做好开放平台、做大开放载体，进一步深化国际人文交流，建设对外交往中心，建设世界文明交流互鉴窗口，扩大文旅国际合作"朋友圈"。加强与世界历史文化名城、世界城地组织成员、国际友好城市的文化交流合作。办好丝博会、欧亚经济论坛和丝路国际电影节等国际会议和展会。利用丝绸之路世界旅游城市联盟、澜湄旅游城市合作联盟，发挥国际古迹遗址理事会西安国际保护中心、丝路沿线城市广播电视媒体协作体的作用，开展文化交流、艺术展演、文物互展和文化遗产保护交流活动，广泛宣传推广"千年古都·常来长安"文旅品牌，讲好西安故事，全面提升西安世界历史文化名城国际影响力。

## 五、西安"十四五"城市文化体系建设摘要——扎实加强文化建设，打造丝路文化高地

坚决承担起保护西安文物资源的重大政治责任，扎实做好文物保护和文化遗产保护传承工作，加强公共文化产品和服务供给，大力发展西安特色、西安风格、西安气魄的城市文化，努力在传承中华文明根脉、坚定文化自信方面展示西安担当，发挥西安作用，贡献西安力量。

### （一）全面提高社会文明程度

坚持马克思主义在意识形态领域的指导地位，持续推动习近平新时

代中国特色社会主义思想入脑入心，繁荣发展哲学社会科学，大力弘扬延安精神，积极传承"西迁精神"，践行社会主义核心价值观，着力构建以社会主义先进文化为引领，以文明城市建设为支撑，市民群众共建共享的精神家园。加强对党史、新中国史、改革开放史、社会主义发展史的教育，推动理想信念教育常态化、制度化。持续推进公民道德建设，充分发挥榜样示范引领作用，深化开展群众性精神文明创建活动，拓展新时代文明实践中心（所、站）建设工作，坚持用文明风尚塑造人，广泛开展文明交通、文明旅游、文明餐桌、文明单位主题活动，全面提升文明城市的品质和内涵。健全志愿服务体系，广泛开展志愿服务关爱活动。弘扬诚信文化，推进诚信建设。加强家庭、家教、家风建设。坚持正确舆论导向，加快推进媒体深度融合发展，健全网络综合治理体系，加强网络文明建设。

## （二）加大文物保护力度

坚持文物保护优先原则，依法依规守住文物保护的底线和红线，守护好中华文明精神标识和文化遗存。实施中华文明探源工程，加强史前遗址、周秦汉唐都城遗址、帝陵考古调查和科学研究，实证西安在中华文明发展脉络中的重要地位与作用。加强中华文明精神标识保护，加强秦始皇陵和兵马俑、汉长安城未央宫遗址、唐长安城大明宫遗址、大雁塔、小雁塔、兴教寺塔等世界文化遗产保护，完善监测预警平台建设，建立西安世界文化遗产数字化档案库，形成完善的世界文化遗产保护、管理、监测体系。加强考古发掘，实施好秦汉栎阳城遗址、太平遗址等重要考古发掘项目，丰富历史文化内涵。实施重要文物保护工程，加强濒危文物的抢救保护与修缮，严格控制文物保护单位周边环境风貌，加强环境整治。健全文物安全长效机制，实施文物平安工程，严厉打击文物违法犯罪，促进文物市场健康有序的发展。加强非物质文化遗产保护。

## （三）加强公共文化产品和服务供给

加强公共文化基础设施建设，完善城乡四级公共文化服务网络建设，加快推进基本公共文化服务标准化、均等化发展。以"长安书院""长安云""长安乐"建设为引领，推动"城市书房"、智慧图书馆、社区书屋等建设，建设西安音乐厅、陕西大剧院等一批艺术殿堂，加强城市主题音乐、流行音乐创作与传播，丰富城市公共文化服务供给。加强精品文艺创作，不断推出反映时代新气象、讴歌人民新创造的文艺精品。强化文艺队伍建设，培养一批德艺双馨的文化名家。推进媒体深度融合，实施全媒体传播工程，做强新型主流媒体，建强用好县级融媒体中心。加快公共文化产业数字化建设，打造西安公共文化"云"服务平台。创新实施文化惠民工程，推进工人文化宫、妇女儿童活动中心建设，广泛开展文化进基层活动和群众性文化活动。

## （四）彰显世界历史文化名城魅力

加强城市文化地标建设，推进周文化博物馆、秦文化博物院、汉长安城博物馆、隋唐长安城博物院等周秦汉唐主题博物馆和"西安记忆"博物馆等专题博物馆建设，加快碑林博物馆改扩建、陕西历史博物馆分馆建设、秦始皇帝陵博物院改造提升进度，打造根脉文化、历史文化、丝路文化、红色文化博物馆群，建设"博物馆之城"。积极参与国家文化公园建设，将汉长安城大遗址保护项目、红军长征过境西安重要遗址纳入国家文化公园建设体系。全力推进遗址公园建设，持续提升秦始皇陵、汉阳陵、汉长安城未央宫、唐长安城大明宫等考古遗址公园保护和展示水平，加强阿房宫遗址、杜陵等保护和展示，提升国家考古遗址公园建设水平。加强革命文物整体保护展示与资源调查，形成具有全国影响力的革命文物保护利用传承体系。盘活用好国有文物资源，加大不可移动文物开放力度，鼓励有条件的单位对公众开放考古工地、考古工作站，开展形式多样的公众考古活动。加强科技支撑和跨界融合，建设文物资源数字化传承与服务等基础平台，研发文博创意产品。加强文物价值的挖掘阐释和传播利用，以"文物+旅游"为导向，依托蓝田猿人遗址、半坡遗址、杨官寨遗址等史前遗址，打造寻根之旅；挖掘周秦汉唐丰厚文化遗产，打造古都之旅；依托丰富的革命文物资源，打造红色之旅，让历史说话、让文物说话。

### （五）深化国际人文交流

建设世界文明交流互鉴窗口，扩大文旅国际合作"朋友圈"。用好"东亚文化之都"、东盟中日韩"10+3"文化城市网络平台，加强与世界历史文化名城、世界城地组织成员、国际友好城市的文化交流合作。办好丝博会、欧亚经济论坛和丝路国际电影节等国际会议和展会。利用丝绸之路世界旅游城市联盟、澜湄旅游城市合作联盟，发挥国际古迹遗址理事会西安国际保护中心、丝路沿线城市广播电视媒体协作体的作用，开展文化交流、艺术展演、文物互展和文化遗产保护交流活动，广泛宣传推广"千年古都·常来长安"文旅品牌，讲好西安故事，全面提升西安世界历史文化名城国际影响力。

# 品牌 内涵 合作 自信 西安东亚文化之都的实现路径

西安市人民政府副市长 徐明非

西安作为国家中心城市和世界历史文化名城，全市常住人口1295.3万人，适合工作劳动的中青年达到885.1万人，84所高校在校学生127万人。拥有世界文化遗产秦始皇帝陵及兵马俑坑、"丝绸之路：长安—天山廊道路网"登记在册不可移动文物点3246个，各级重点文物保护单位428处，各类博物馆158座，AAA级以上景区89家，被誉为中国的"天然历史博物馆"。截至目前，西安与33个国家的37个城市建立了友好城市关系，设立总领事馆4个、签证中心32个，与"一带一路"沿线10多个国家的海关实现了通关一体化，能够为国际人员和物资往来提供优质高效服务。2019年，西安与日本东京都丰岛区、韩国仁川广域市共同当选东亚文化之都。西安以此为契机，持续加强城市文化建设，进一步提升西安文化软实力，向世界系统化、全方位地展示西安千年文明史的恢宏古韵和建设国际化大都市的现代风采。

## 一、塑造城市文化品牌

西安积淀深厚的历史文化为西安开展城市品牌节庆活动提供了极其丰富的资源。近年来，按照习近平总书记2015年来陕视察提出的"扎实加强文化建设"重要讲话要求，西安持续推动优秀传统文化与节庆活动的紧密结合，文化和旅游深度融合。"中国年看西安""丝路国际电影节""西安国际音乐节""西安城市定向赛""西马城市嘉年华"等极具西安城市特色的文化节庆活动吸引了越来越多人的目光，"千年古都·常来长安"品牌影响力跻身全国十强，文旅热度持续保持全国前十。2021年的五一小长假，千年古都迎来了旅游市场的强劲复苏，接待游客1690.08万人次，同比增长311.6%，已经逐步形成具有西安品格、陕西特色、中国气派和国际风范的西安城市品牌形象。

## 二、丰富文化之都文化内涵

2019年，东亚文化之都西安"活动年"以"东亚文化之都·古韵风华"为主题，策划开展了文化遗产、年俗、艺术、旅游、音乐、阅读、文创、影视8大类40余项精彩纷呈的特色活动。其中，专门安排了欧亚经济论坛文旅分会、世界文化旅游大会、"最中国·看西安"等10项活动。同时，与日本东京都丰岛区、韩国仁川广域市共同携手，开展了池袋动漫嘉年华、东亚文化生活庆典、中日韩文化艺术节、国际时装周等系列文化交流活动，打造"永不落幕的文化之都舞台"，东亚文化之都"活动年"西安接待韩国游客同比增长44%，接待日本游客同比增长38%，将东亚文化之都"活动年"推向新高潮。

## 三、深化文化交流合作

西安地处中国地理几何中心，2小时航空圈、8小时铁路圈和1日公路圈，辐射全国2/3以上的城市。目前，开通国际客运航线91条，货运航线78条，拥有国内唯一的陆港——西安港，开行的中欧班列"长安号"通达"一带一路"沿线45个国家和地区，2025年将形成总规模422千米的轨道交通网络。借助东亚文化之都城市新名片，秉承"合作、开放、包容、共享"的城市文化理念,充分发挥区位优势,积极与东亚文化之都城市和"一带一路"沿线城市开展文化艺术交流合作,推动中华文化"走出去"。先后在韩国仁川,俄罗斯圣彼得堡,意大利罗马、米兰,新西兰奥克兰,阿塞拜疆巴库等地,成功举办了一系列文化艺术、非遗年俗、遗产保护等交流展示活动,同时以文化交流带动彼此之间经济、教育、科技、体育等领域的深度合作,为城市发展打造更加开放的人文环境,携手向世界展示丰富多彩的东亚文明。

**四、彰显中华文化自信**

习近平总书记强调:"中华优秀传统文化是我们必须世代传承的文化根脉、文化基因,也是我们坚定道路自信、理论自信、制度自信、文化自信的深厚基础。"西安作为十三朝古都,始终以坚定的文化自信、高度的文化自觉,坚持将东亚文化之都城市新名片作为向世界展现中华文化价值、彰显文化自信的重要舞台。以迎全运为契机,深入挖掘汉唐盛世文化,持续举办好"千年古都·常来长安"系列文化旅游活动,全年举办活动200余场,推动中华优秀传统文化进行创造性转化、创新性发展,进一步彰显中国精神,传播中国价值,凝聚中国力量,努力打造中华文明的根脉城市和传承中华文化的世界级旅游目的地。

西安从秦汉古朴厚重中踏歌而来,站在"两个一百年"奋斗目标交汇承接的历史新起点上,西安将以本次论坛为契机,全面落实习近平总书记系列重要论述、文化和旅游部的安排部署,进一步加强与各文化之都城市间的交流互鉴合作,携手向世界展示多元多样的中华优秀传统文化,全力打造丝路文化高地、内陆开放高地和国家综合交通枢纽城市,建成具有历史文化特色的国际化大都市。

# 彰显"好地方"文化魅力 为文化强国建设贡献文化之都力量

扬州市人民政府副市长 余 斌

2019年，扬州凭借南北兼容的文化特质，厚重璀璨的独特文化，广泛多元的对外文化交流，以及"优质精准"的公共文化服务体系，成功当选2020年东亚文化之都城市。当选以来，特别是2020年11月13日习近平总书记亲临扬州视察指导以来，扬州全市上下高度重视，将谋划发展"扬州是个好地方"与推动东亚文化之都建设作为全市两大工作重点，摆在突出位置一体化推进，在城市国际知名度、城市文化软实力、公共服务体系和人民群众精神文化生活等方面取得了显著成绩。

## 一、城市"朋友圈"不断扩大

我们充分借助东亚文化之都城市新名片，主动与历届东亚文化之都、东盟文化城市、"一带一路"沿线城市开展文化、旅游、艺术、文物等领域交流。先后承办了东盟与中日韩文化城市网络启动仪式、东亚文化之都联盟工作研讨会等一系列国际文化交流活动，拓宽了与东盟秘书处、中日韩合作秘书处以及东盟文化城市间的交流渠道。作为东亚文化之都的新成员，扬州主动与日本北九州市、韩国顺天市开展文化交流合作，特别是在抗击新冠疫情中，同舟共济、守望相助，"山川异域、风月同天""道不远人，人无异国"等与扬州有关的诗句在中日韩三国民众中引起广泛共鸣,扬州城市国际影响力和美誉度持续提升。目前,扬州与15个国家的23座城市缔结为国际友好城市,与30个国家49个城市缔结为友好交往城市,与超过190个国家及地区开展经济文化贸易往来。

## 二、文化"软实力"不断增强

按照政府主导、社会参与、内外交融、共建共享的原则,统筹举办好2020年世界运河城市论坛、2020年东亚文化之都活动年和各类群体活动,多角度、多元素展现扬州人文魅力。充分借助新媒体力量,加大线上宣传力度,网络检索东亚文化之都扬州达400万条。开通了东盟与中日韩文化城市网络微信公众号,持续加大对9个文化之都城市的宣传推广力度,累计阅读量突破100万,多渠道、多形式讲好"好地方"好故事,传递"好地方"好声音。

## 三、群众"满意度"不断提升

东亚文化之都既是对外文化交流的国际化品牌,也是推进城市文化建设的"国字号"品牌。"活动年"期间,扬州成功开展了"绿杨人家"艺术节、"绿杨清声"扬剧惠民展演等一批文化惠民活动,开展百场公益演出、高雅艺术进校园、非遗文化进景区等各类文化之都活动近2000场,切实把东亚文化之都品牌效应转化为满足市民和游客日益增长的美好文化生活需要。根据清华大学测评,2020年扬州游客满意度达到"满意度高"水平,稳居全省第一方阵。

党的十九届五中全会把文化建设摆在突出位置,明确了到2035年建成文化强国的远景目标和"十四五"时期文化建设的主要目标。党的十九届五中全会闭幕不久,习近平总书记首次到地方视察就来到扬州,总书记称赞"扬州是个好地方,特别是她的文明、文化、历史古城,在全国都很有分量"。总书记视察扬州既是对扬州城市经济文化发展的集中检阅,更是对扬州"十四五"乃至更长时期发展的现场指导,为扬州在新的起点上推动东亚文化之都建设指明了前进方向、注入了强大动力。扬州将牢记谆谆嘱托,在文旅部的关心和支持下,在中国东亚文化之都工作机制引领下,重点做好三个方面的工作,为东亚文化之都建设贡献"好地方"力量,为建成文化强国展现"好地方"担当。

一是以讲好中国故事为着力点,加强对外文化交流合作。"好地方"既是总书记对扬州的充分赞许,也是对扬州的殷切期望。扬州将依托东亚文化之都、东盟与中日韩文化网络城市群和世界运河城市合作组织等国际平台,以承办世园会、世界田联半程马拉松锦标赛、中日文化体育交流促进年等活动为契机,深化各领域务实合作,讲好中国故事,推动中华优秀文化走出去。主动服务国家外交大局,加快推动国家海外文化旅游交流平台建设,积极参与文化和旅游部重大外事活动、重要国际会议,加强对外文化交流和多层次文明对话,为文化强国建设做出积极贡献。

二是以繁荣发展文化事业为重点,建设开放合作的文旅市场。依托东亚文化之都品牌优势,主动邀请境外文旅企业、旅游达人、媒体来扬州感受"好地方"丰富的文旅资源,加大与文化之都城市间的文旅产业合作力度,携手打造东亚文化之都城市游、研学游、专项旅游等产品体系,推动城市优秀文旅产品"走出去",吸引更多游客"走进来"。突出文旅融合、商旅融合、体旅融合,培育打造夜间消费、健康消费、体验消费等新热点,加快新型文化企业、文化业态、文化消费模式发展,建成区域消费中心城市。

三是以满足人民群众美好生活为落脚点,创新实施文化惠民工程。扬州将在中国东亚文化之都工作机制引领下,加强文艺演出、公共服务、文化遗产保护传承利用等领域的数字化合作,实现公共信息资源共用共享和社会化开发利用。持续完善旅游公共服务，不断提升旅游服务质量，加快完善基层公共服务设施，创新实施文化惠民工程，广泛开展群众文化活动，高质量满足人民群众精神文化生活需求。

### 四、"十四五"扬州东亚文化之都建设愿景

"十四五"期间，扬州将积极打造国际人文交流品牌。放大世界运河之都、世界美食之都、东亚文化之都品牌效应，推动与国内外文化之都城市联手开展城市推介、旅游推广、产品开发，合力打造有国际影响力的文化之都旅游线。办好世界运河城市论坛、中国（扬州）世界美食节等系列活动，重点做大做强文化交流平台载体，再现隋唐繁华风貌，推动淮扬菜融入旅游、走向世界，全面展现东亚文化圈范围内汉唐文化的强大历史吸引力，打造成为与日韩、东盟开放合作典范。加强城市品牌培育、经营、运营，不断提升城市国际影响力。加快推进大运河国家文化公园三湾核心展示区、扬州光线影视基地建设，大力推动东亚文化产业合作（扬州）示范区建设。建立对外文化交流（对外宣传）协作机制，发挥鉴真、马可·波罗、崔致远、普哈丁的桥梁与纽带作用，不断加强对韩国、日本、中东、意大利等地区和国家的文化交流，提高"扬州学派""扬州画派""扬州工艺""江南曲美"等扬州文化品牌的国际影响力和传播力。

### 五、扬州"十四五"城市文化体系建设摘要——注重文化引领 建设享誉国内外的文化旅游名城

#### （一）增强文化自信自觉

坚定文化自信，推动优秀传统文化创造性转化、创新性发展，继承革命文化，发展社会主义先进文化，坚持不懈推动文化建设高质量发展，

为现代化建设提供强大的思想保证、舆论支持、精神动力。

**1. 壮大主流思想舆论**

坚定不移以习近平新时代中国特色社会主义思想定领航，把深入学习践行新思想作为首要政治任务，建立健全学习宣传贯彻新思想的常态化机制。加强党史、新中国史、改革开放史、社会主义发展史教育和爱国主义、集体主义、社会主义教育。坚持问题导向，切实加强政治理论学习、干部教育培训和意识形态教育等工作，推动理论武装走深走心走实。坚持党管媒体和政治家办报办台办网，推进媒体深度融合，做强新型主流媒体，提升媒体传播能力，加快建设智慧广电，推进报业的数字化建设。建强用好县级融媒体中心，推动"两中心一平台"联通融通，打造全市新型主流舆论阵地、综合服务平台、社区信息枢纽。发挥主流媒体作用，加强城市对外形象宣传，进一步讲好扬州故事、展示扬州成就、服务扬州发展，打造"扬州是个好地方"城市品牌。

**2. 强化核心价值观引领**

发挥社会主义核心价值观引领风尚和凝心聚力作用，创新社会主义核心价值观传播路径，进一步扩大社会认同、形成思想共识，推动社会主义核心价值观充分融入干部群众内心，转化为思想观念、道德情怀、行为规范和价值取向。充分发挥课堂教学的主渠道作用，推动社会主义核心价值观教育进教材、进课堂、进头脑。将社会主义核心价值观学习教育宣传融入学习型党组织建设中，进一步提高各级党组织的学习力、创新力和战斗力。搭建弘扬核心价值观平台，创造有利于核心价值观建设的生活情景和社会氛围，强化先进典型在社会主义核心价值观建设中的示范和引领作用。积极组织开展人民群众喜闻乐见的公共文化活动，推动社会主义核心价值观潜移默化地渗透融入人民群众日常生活。

### 3. 提高社会道德风尚

深入贯彻全市文明行为规范条例，推动落实"扬州文明有礼二十四条"，引导人民群众爱国、敬业、诚信、友善，自觉遵守文明公约，自觉维护社会公德、职业道德、家庭美德，自觉提升个人品德。持续推动志愿服务制度化、社会化。组织开展各类文明创建以及道德模范、扬州好人等"城市榜样"评选活动。积极培育优良家风、文明乡风。实施"公筷行动""光盘行动"，引导合理消费、文明用餐。倡导移风易俗，破除陈规陋习。提倡积极健康的网络文化，弘扬网络正能量，维护网络环境清朗有序。

### 4. 弘扬新时代扬州精神

倡导"崇文尚德、开明开放、创新创造、仁爱爱人"的扬州精神，不断培育、塑造、弘扬新时代扬州精神的"精气神"。深入开展新时代扬州精神宣传教育活动，增强人民群众的文化认同感、归属感和自豪感。深入挖掘彰显新时代扬州精神的典型事迹，以榜样的精神力量带动全社会形成见贤思齐、团结友爱、积极进取、奋发向上的良好氛围。组织开展宣传新时代扬州精神的主题实践活动，打造各类载体平台，充分激发全社会的主动性和积极性，推动新时代扬州精神内化为全体扬州市民的自觉追求和精神品格。

## （二）彰显运河文化魅力

强化中国运河第一城时代担当，努力"让古运河重生"，将扬州建设成为大运河江苏段文化保护传承利用重要节点城市和独具魅力的"世界运河之都"。

### 1. 塑造运河文化空间

构建一条主轴、八大片区、多个特色节点组成的大运河文化空间格局。推动优秀传统文化与现代文化叠加融合，打造贯穿扬州南北的生态文化旅游大走廊，串联多个运河片区，共同演绎扬州独特的运河旋律。加快打造宝应片区、高邮片区、江都片区、湾头片区、扬州古城片区、三湾片区、扬子津片区和瓜洲片区八大文化片区，积极打造集中展示扬州水工、邮驿、水利、非遗、诗渡等文化特色和包容、开放等文化特征的文化空间。加快打造十二圩、大桥、樊川、菱塘、界首、临泽、氾水、安宜、泾河等运河沿线重要节点城镇，打造"运河之眼"，点亮运河沿岸。

**2. 推动运河文化传承创新**

挖掘大运河扬州段历史遗存承载的盐商、水工、园林、邮驿等方面的文化，活化诗歌、学术、曲艺、美食、工艺美术、农耕等伴生文化，弘扬开放、英雄、清廉等历史文化，以保护为目的，以传承为手段，以利用为载体，促进运河文化创新性传承、创造性发展，激发千年运河活力，传承大运河文化精神。强化大运河文化遗产保护和传承的系统性，完善以6条遗产河段、10个遗产点为重点的运河文化遗产保护体系，高标准保护好列入世界遗产的河道和遗产点，保护好运河文物和运河非遗等文化资源，延续大运河独特文化基因。严格保护和管控大运河岸线和各类文物本体及环境，完美展现运河文化风貌。深入挖掘玉器、乱针绣、漆器、剪纸、金银细工、琴筝制作、广陵古籍印刷、扬州评话等文化遗产，探索创新遗产保护利用新模式、新机制。突出运河文化活态传承和活化利用，积极发展运河文旅和运河文创产业。

**3. 扩大运河文化影响力**

持续发挥扬州作为大运河申遗和保护牵头城市的作用，打造开放式运河文化博览城，打造非物质文化遗产保护展示载体，开展非物质文化遗产宣传展示活动。依托世界运河历史文化城市合作组织（WCCO）、扬州大学中国大运河研究院和大运河城市足球精英邀请赛等体育赛事活动，进一步加强扬州与世界运河城市、"一带一路"沿线城市、国际友好城市的交流互动，以及产业、商贸等领域的深入合作，不断提升扬州的知名度和美誉度。依托世界运河城市论坛、大运河文化旅游博览会、运河文化嘉年华及中国大运河申遗成功周年纪念等国际性文化交流活动，以展示运河元素为主题，以传承河道文明、弘扬运河文化、保护运河生态、振兴运河经济为理念，积极传播中国运河文化。推动世界运河城市论坛升格为国家级论坛。依托中国扬州大运河主题国际微电影展、大运传媒等新媒体平台，以更具表现力的艺术形式，共同讲述运河精彩故事，共同展现世界运河城市历史风貌和变迁，共同促进运河流域现代社会和经济的蓬勃发展。

## （三）着力发展文旅产业和文化事业

深度挖掘历史文化、红色文化、非遗文化等文化资源，推动文化和旅游全方位融合，打造文化旅游专项产品，构建文化旅游产业链，健全现代公共文化服务体系，助力推进国际文化旅游名城建设。

### 1. 提高文化精品供给能力

推进非物质文化遗产传承创新。以现代元素和创意设计引领传统非遗项目实现生活化融入、时尚化表达、社会化普及，推动扬剧、弹词、评弹、木偶、剪纸等代表扬州形象的非遗领域，开发出更多富有时代特色、地方特质、个性特点的非遗产品和服务。灵活采用现场展演、集中展示、分散表演、网络传播等形式，多样化开展各类非遗传承活动。依托文博场馆资源，提升主题旅游产品设计水平，加强整体旅游文化功能改造，进一步创响博物馆之城的文化品牌。高质量举办"绿杨人家"社区艺术节等文化惠民活动。

积极打造文化产业品牌。做大做强工艺美术行业，推进现代先进技术与非遗产业相结合。传承雕版印刷技艺，推进古籍复制技术升级与开发应用。延伸琴筝设计、制造、展示、演奏、培训等产业链。积极开发扬剧、木偶、曲艺等演艺类非遗资源，举办专项文化创意设计比赛，推动创意设计转化为现实生产力和经济附加值。大力实施文化市场培育工程，顺应数字化经济时代文化市场的实时化、在线化、移动化发展趋势，积极推动文化消费线上线下融合创新，加快新型文化业态、文化消费模式发展，培育出版发行、工艺美术、文化会展和艺术品交易市场，推出一批主题鲜明的大众文化消费活动品牌。支持运河文化投资集团做大做强做优，有序引导各类市场主体进入文化产业，不断做大文化产业规模，做优文化产业质态，积极打造文化旅游、出版发行、工艺美术、文化会展、玩具生产、乐器制造等区域特色文化产业品牌。

**2. 拓展"文旅+"发展**

多层次推动文旅产业发展。以现代化元素、消费新体验、特色美食、月光旅游产品等赋予旅游休闲新内涵和形式，做好"文旅+"文章，以旅游业集聚人气，放大扬州东亚文化之都、世界美食之都、世界运河之都等城市品牌的广告效应和消费吸引能力，办好中国（扬州）世界美食节、港澳海外文化嘉年华、中国旅游电视周等系列活动，推动淮扬菜融入旅游、走向世界，吸引更多的游客到扬州来旅游、休闲。

优化文化旅游产业空间布局。因地制宜优化全市文化旅游产业布局，形成特色化、功能化文化旅游产业发展空间。加快文化旅游区建设，提升"两古一湖"核心旅游板块，推动蜀冈—瘦西湖风景名胜区基本建成世界级景区，扬州大运河文化旅游度假区、仪征枣林湾创建国家级旅游度假区。推进运河三湾风景区创建 AAAAA 级景区，凤凰岛生态旅游区创建 AAAA 级景区。放大郭村红色基地影响力，建成省内知名红色旅游研学基地，助推郭村革命老区振兴。做大江苏国家数字出版基地扬州园区、扬州工艺美术集聚区、扬州文化创意产业园、全国玻璃水晶工艺品出口基地等省级以上重点文化产业园区。

**3. 完善文旅产业发展体制机制**

推动生产经营机制改革。推进文旅产业体制机制、资本运作、商业模式等全面创新，充分激发市场和社会活力，加快产业扩容。深化文化体制改革，健全完善出精品、出人才、出效益的体制机制。支持引导旅游服务业、战略性新兴产业等重要产业积极吸纳文化创意元素，促进文化产业跨产业、跨部门、跨区域渗透融合。坚持行政推动与市场运作相结合，推进扬州特色地域文化资源有效整合，促进产业要素合理配置。

构建国内外旅游标准化合作机制。贯彻落实《扬州市旅游标准化工作管理办法》和《扬州市旅游标准化工作规划（2020—2024年）》，建立琴筝制作、雕版印刷、扬州剪纸等非物质文化遗产和大运河世界文化遗产保护、利用标准体系，支持行业协会制定团体标准。加强与国际城市的旅游标准化合作，鼓励和支持具有地方特色和文化内涵的品牌企业，以及非物质遗产传承人等参与旅游标准化工作。

**4. 健全现代公共文化服务体系**

深入推进公共文化服务运行机制建设，打造"基层公共文化服务包"，实施城市基层公共文化服务与供求对接的"零距离"试点工程，促进基本公共文化服务标准化、均等化，实现城乡文化一体化发展。高质量举办好"绿杨人家"社区艺术节、"绿杨清声"扬剧等文化惠民活动，广泛开展群众性文化活动。积极开展文化志愿服务活动，大力开展流动服务和数字服务，打通公共文化服务"最后一公里"。统筹城乡文化基础设施建设，促进公共文化服务提质增效。加快构建标准统一、互联互通的城乡公共数字文化服务网络。支持社会资本参与公共文化服务设施建设。

# 获得 认同 自豪 以市民为中心的长沙东亚文化之都建设路径

长沙市人民政府副市长 刘明理

自2017年当选东亚文化之都以来,长沙不断丰富东亚文化之都内涵,着力打造国家创新创意中心、国际文化名城、世界旅游目的地,以文化人、以文兴业、以文塑城,让发展更有质量,让幸福更有温度。2020年9月,习近平总书记考察长沙,对湖湘文化高度赞扬、充分肯定。

## 一、以文化之都内涵为重点开启新征程,让市民在品质升级中更有获得感

一是在文脉保护中守根铸魂。站位东亚文化之都,敬畏湖湘优秀传统文化,全力保护岳麓书院、马王堆汉墓、走马楼三国吴简等文化宝藏,重点建设炭河里、铜官窑和汉长沙国王陵三大国家考古遗址公园,以城市更新为引领,规划64千米历史文化步道,30多个历史文化街区成为全国"网红打卡地",为市民留下老长沙记忆,千年古城重新焕发活力。二是在风貌重塑中彰显长沙魅力。坚持精准规划、精美建设、精致管理、精明增长,建设有颜值、有气质、有内涵、有格调、有品位的美丽舒适宜居现代化大都市,推进湘江、浏阳河两个"百里画廊"建设,实施"一江两岸"城市亮化提质,打造"山、水、洲、城"特色夜游场景,长沙入选全国十大最受欢迎目的地城市。三是在项目建设中打造乐园。

梅溪湖国际文化艺术中心、滨江文化园三馆一厅、湖南省博物馆新馆等一大批国际化、现代化地标性建筑拔地而起，马栏山视频文创产业园、后湖国际艺术园活力绽放，市民在具有历史文脉、文化内涵、国际视野的现代化都市中体味烟火人生、品质生活。

**二、以文化之都平台为抓手打造新场景，让市民在文化共享中更有幸福感**

一是以为民惠民吸引人。加快构建"15分钟公共文化服务生活圈"，建成乡镇（街道）综合文化服务中心170个，标准化村（社区）综合文化服务中心1100个，推动全民艺术普及工程，每年惠及20万人，组建10家民办公助文艺团体，全市公共文化场馆年接待突破2000万人次，长沙成为全国首批6个国家公共文化服务标准化示范地区之一，13年蝉联中国最具幸福感城市。二是以艺术精品感染人。创作《国歌时候》《耀邦回乡》《半条红军被》等精品，省市共建城市交响乐团开全国先河，举办国际音乐艺术季、中外著名城市交响乐团长沙峰会等重大活动，盛邀国际一流艺术团体来长沙演出，日韩经典动漫音乐在长沙长演不衰。三是以文旅消费愉悦人。抢抓后疫情时代发展机遇，大力激发文旅消费潜力，夜间经济日渐繁荣，乡间经济持续火热，网间经济走红全国，文和友、茶颜悦色等成为文旅消费品牌，2020年全市实现旅游收入1661亿元，接待旅游人数1.52亿人次。长沙跻身全国网红城市八强，获评首批国家文化和旅游消费示范城市。

**三、以文化之都品牌为桥梁探索新路径，让市民在创新开放中更有自豪感**

一是推动长沙文化"走出去"。先后组团赴京都、大邱、哈尔滨、西安、扬州等东亚文化之都当选城市开展文化交流活动；动漫产品、节目版权出口 60 多个国家和地区，建成首批国家文化出口基地；湘剧、湘茶、湘瓷、湘菜活跃在海外大地，湖湘文化大放异彩。二是欢迎世界元素"涌进来"。积极承办中非经贸博览会、世界语言资源保护大会、第 15 届东亚论坛等多场多边外事活动，连续 3 届举办"一带一路"青年创意与遗产论坛，开文化展示之"窗"，搭文化交流之"台"，市民在国际化视野中享受更加品质化的精神文化生活。三是保持文化交流"常态化"。借助东亚文化之都这张国际名片和金字招牌，长沙与荷兰、塞浦路斯等 11 个国家，与联合国教科文组织、欧盟教文总司、东盟秘书处等国际组织建立了联系，新增白俄罗斯莫吉廖夫市 5 个友好城市，与全球五大洲 31 个国家的 52 个城市结为友好城市，开放的长沙正吸引全球目光，市民对城市的认同感、自豪感、荣誉感与日俱增。

## 四、"十四五"时期长沙东亚文化之都建设愿景

长沙将在"十四五"期间，着力打造具有国际影响力的现代化城市，加快发展文化事业和文化产业，全面建设国际文化创意中心。坚持马克思主义在意识形态领域的指导地位，坚定文化自信，围绕举旗帜、聚民心、育新人、兴文化、展形象的使命任务，加强社会主义精神文明建设，繁荣发展文化事业和文化产业，不断增强城市文化创造力、传播力、影响力。办好"一带一路"青年创意与遗产论坛。擦亮世界媒体艺术之都、东亚文化之都名片。高质量建设国家文化出口基地。加强国际传播能力建设，讲好中国故事、湖南故事、长沙故事。

## 五、长沙"十四五"城市文化体系建设摘要——加快发展文化事业和文化产业，全面建设国际文化创意中心

坚持马克思主义在意识形态领域的指导地位，坚定文化自信，围绕举旗帜、聚民心、育新人、兴文化、展形象的使命任务，加强社会主义

精神文明建设,繁荣发展文化事业和文化产业,不断提高城市文化创造力、传播力、影响力。

### (一)提升城市文明程度

深入开展习近平新时代中国特色社会主义思想学习教育,持续打造"就认这个理——学习新思想,长沙微宣讲"品牌。推进马克思主义理论研究和建设工程,做强湖南省中国特色社会主义理论体系研究中心长沙基地。推动理想信念教育常态化、制度化,加强党史、新中国史、改革开放史、社会主义发展史教育。深入贯彻《新时代爱国主义教育实施纲要》,建好用好爱国主义教育基地。深入贯彻《新时代公民道德建设实施纲要》,突出抓好未成年人和大学生思想道德建设。实施文明创建工程,开展群众性精神文明创建活动,建设更高水平的全国文明城市。支持长沙县、浏阳市创建全国县级文明城市。拓展新时代文明实践中心建设。健全志愿服务体系,广泛开展志愿服务关爱行动,擦亮"雷锋志愿者"品牌,打造"好人之城""志愿者之城"。弘扬诚信文化,推进诚信建设。提倡艰苦奋斗、勤俭节约,开展以劳动创造幸福为主题的宣传教育活动。深入推进移风易俗。加强家庭、家教、家风建设。加强网络文明建设,发展积极健康的网络文化。

### (二)提升公共文化服务水平

繁荣新闻出版事业,办好长沙图书交易会、中部(长沙)印刷产业博览会,创建全国版权示范城市。深入开展全民阅读活动,建设书香长沙。实施文艺作品质量提升工程,坚持以人民为中心的创作导向,加强红色题材、现实题材、长沙特色题材创作生产,推出更多具有中国气派、湖湘风格、长沙特色的文艺精品。实施媒体深度融合工程,推动晚报集团、广电集团、星辰在线转型升级、融合发展，建设具有强大传播能力的新媒体平台，打造全国一流新型主流媒体；加强县级融媒体中心建设，进一步推动"媒体+政务+服务"，促进"两个中心"与政务服务中心贯通，更好地引导群众、服务群众。推进城乡公共文化服务体系一体化建设，提升公共文化服务质量和水平。创新实施文化惠民工程，统筹开展高雅文化活动和群众性文化活动，持续探索民办公助等社会力量办文化模式。加强历史文化街区保护修复，加强文物古籍保护、研究、利用，强化重要文化遗产、非物质文化遗产系统性保护，推进汉长沙国等考古遗址公园建设，加强优秀传统手工艺保护和传承。传承弘扬中华优秀传统文化、湖湘文化、红色文化，支持岳麓书院深化实事求是思想路线策源地研究，建设享誉全球的湖湘文化地标，支持湖南第一师范旧址、萧劲光故居等建设影响更大的全国爱国主义教育示范基地，擦亮湖湘文化名片、红色文化名片。加强长沙在中国近代史上历史地位的研究，推动国家方志馆中国近代人物分馆建设。

## （三）大力发展现代文化产业

坚持把社会效益放在首位，社会效益和经济效益相统一，坚持守正创新，深化文化体制改革，完善文化产业政策，健全文化市场体系，扩大优质文化产品供给。加快推进马栏山视频文创产业园建设，推动文化和科技深度融合发展，促进核心平台、头部企业、高端人才加速集聚，壮大数字视频产业集群，创建国家级文化产业示范园区，打造具有国际影响力的"中国V谷"。办好中国新媒体大会，加快培育发展新型文化企业、文化业态、文化消费模式。推动文化和旅游融合发展，积极发展红色旅游、乡村旅游，深化长株潭、湘赣边文化旅游合作，加强浏阳河文化旅游产业带建设，创建国家级旅游休闲城市。支持苍坊旅游区、铜官窑旅游区、杨开慧故居等创建国家 AAAAA 级景区，推动大王山旅游度假区等创建国家级旅游度假区。办好"一带一路"青年创意与遗产论坛。擦亮世界媒体艺术之都、东亚文化之都名片。高质量建设国家文化出口基地。加强国际传播平台建设，讲好中国故事、湖南故事、长沙故事。

# 创新 交流 发展 东亚文化之都的青岛经验

青岛市副秘书长 贺未泓

青岛是一座山海之城、啤酒之城、影视之都、音乐之岛，享有"世界最美海湾"的美誉。青岛自2015年获评东亚文化之都以来，坚持在交流中拓宽视野，在实践中创新形式，推动东亚文化之都城市增进了解，加深合作，不断提升城市影响力，扩展城市"朋友圈"，为推动中华优秀传统文化走向世界做出了应有的贡献。

## 一、完善机制，保障交流新常态

青岛市不断加大对东亚文化之都建设的支持力度，为文化创新提供政策支撑。一是工作摆上位。自青岛成功获选东亚文化之都以来，市政府每年将文化之都建设列入市政府重点工作，保证了文化之都工作落到实处。二是资金投到位。青岛市在市财政资金中设立东亚文化之都活动专项经费，专门用于文化之都建设，为文化之都建设提供了有力资金支持。三是人员配到位。青岛市自文化之都工作开展之初，就设专岗、配专人负责此项工作，使青岛市东亚文化之都建设始终处于健康轨道。

## 二、突出特色，促进文化艺术新交融

文化是沟通情感的桥梁，是加强合作的纽带。多年来，青岛坚持在多领域加强与日韩之间的艺术交流。一是成功举办"青岛文化周"系列活动。包括东亚文化之都青岛国际水彩艺术节、"相约青岛"中日韩亚洲乐团民族音乐会、韩国国立歌剧团《茶花女》访问演出，展示了青岛、新潟和清州的优秀作品，使3个城市的文化相映生辉，诠释了东亚文化之都的城市魅力。二是日韩文化之都选手参与"五王"大赛。"五王"大赛是全国首个在同一舞台进行"歌王、舞王、戏王、琴王、秀王"5项艺术门类比拼的平民文艺活动，清州和新潟的选手在总决赛中与青岛的"五王"同台竞技，掀起三城市民文化交流的又一个高潮。三是举办"不朽的城雕"系列活动。开启与"欧洲文化之都"文化交流的"破冰之旅"，近300幅中外摄影家作品，使得观众充分感受欧洲13个国家15座"欧洲文化之都"的艺术魅力。

### 三、深入挖掘，丰富文化交流新内涵

为丰富文化之都交流内容，青岛加大资源整合力度，深入挖掘有益于文化之都交流的内容。一是积极引导文艺创作。近年来，全市共推出舞台剧目56部，其中，大型民族歌剧《马向阳下乡记》荣获第十六届"文华大奖"，以抗疫为主题组织创作各类文艺作品600余部，互联网点击量达100余万次。二是创新艺术展示形式。连续两年举办"青岛·谭盾音乐周"，创新性地融入微电影、摇滚乐等新兴元素，实现艺术形式跨界融合。三是充分利用新资源。青岛结合"博物馆之城"建设，将全市106家博物馆全部纳入文化之都重点交流内容；利用世界"电影之都"优势，梳理近年来在青岛拍摄的《流浪地球》《送你一朵小红花》《巡回检察组》等影视作品，形成特色影视文化，进一步丰富了文化之都交流内容，提升内涵品质。

## 四、积极探索，开启对外交流新模式

自获评文化之都以来，青岛携手日本新潟、韩国清州共同开展了一系列独具特色的文化活动，着力搭建中日韩三国文化交流合作平台。一是策划举办"外国友人@Qingdao"文旅国际交流活动。组织长期在青岛工作、生活、旅居的日本、韩国等国际友人对青岛文化旅游资源进行考察体验，将国际文化旅游交流活动放在家门口进行，发展了文化旅游对外交流新模式。二是举办东亚文化之都线上青少年交流及演出活动。青岛、新潟、清州各选派10名优秀学生，介绍所在城市文化特色、旅游景点和美食，围绕学习和生活进行交流探讨；3个城市精心挑选富有城市特色的演出节目，并录制视频在另外2个城市进行播放。通过青少年交流和富有城市特色的演出视频，加深了3个城市彼此了解，增进了友谊。三是推出"云·游中国—享约青岛"系列视频图片展播。以视频和图片形式在文旅部驻韩国首尔旅游办及其10多个网络媒体网站、平台上进行了广泛宣传，重点突出青岛文化之都建设情况，收到了良好效果。

## 五、"十四五"青岛东亚文化之都建设愿景

"十四五"及今后更长时期，青岛承担着"搞活一座城"、建设现代化国际大都市的历史使命，将率先建成文化强市，全面提高城市文化影响力。青岛将充分深化东亚文化之都城市建设，立足城市品牌和城市形象，继续加大文化创新力度，扩大城市交流合作范围，丰富对外交流内容，拓展交流渠道，推出优秀项目，培育知名品牌。提升国际传播能力，争取创办海外中国（青岛）文化中心，讲好"青岛故事"，提升城市知名度、美誉度。发展对外文化贸易，建设文化保税功能区，搭建文化贸易平台，推动一批项目进入海外主流市场。支持企业参加境内外文化专

业展会，促进东亚文化之都城市间文化旅游交流不断升级，全面构筑对外交流、对外传播、对外贸易三位一体，以政府为主导、市场为主体、创新为动力的对外文化交流合作新格局。

## 六、青岛"十四五"城市文化体系建设摘要——增强文化软实力彰显多彩包容的人文时尚魅力

坚持马克思主义在意识形态领域的指导地位，以社会主义核心价值观引领文化建设，加强社会主义精神文明建设，促进满足人民文化需求和增强人民精神力量相统一，凝聚现代化国际大都市建设的强大精神力量。

### （一）提高社会文明程度

把精神文明建设贯穿于现代化建设全过程，推动形成适应新时代要求的思想观念、精神面貌、文明风尚、行为规范，提高文化感召力、引领力。

践行社会主义核心价值观。深入开展习近平新时代中国特色社会主义思想学习教育，推进马克思主义理论研究和建设工程。落实"不忘初心、牢记使命"制度，推动理想信念教育常态化、制度化，加强党史、新中国史、改革开放史、社会主义发展史教育和爱国主义、集体主义、社会主义教育，弘扬党和人民在各个历史时期奋斗中形成的伟大精神。引导人民群众把社会主义核心价值观作为明德修身、立德树人的根本遵循，将其融入日常生活。实施新时代公民道德建设工程，加强社会公德、职业道德、家庭美德、个人品德建设，培育向上向善、诚信互助的社会风尚，熔铸新时代"开放包容、敢为人先、务实创新"的青岛精神气质。广泛开展"邻居节"活动。评选"时代楷模""感动青岛"道德模范、最美人物、文明市民，开展道德模范等先进典型学习宣传活动，发挥道

德楷模示范作用。

深化文明城市建设。实施文明创建工程,完善文明城市建设长效机制,深入开展文明村镇、文明单位、文明社区、文明家庭、文明校园等群众性精神文明创建活动,争创全国文明典范城市。建好用好新时代文明实践中心,培育文明乡风、良好家风、淳朴民风,打通宣传群众、教育群众、关心群众、服务群众"最后一公里"。开展以劳动创造幸福为主题的宣传教育活动,推动形成艰苦奋斗、勤俭节约的社会风尚。实施市民文明素养提升行动,深化"您懂得,别忘了"主题活动,构建常态化、全程化市民文明素养教育培训体系。普及科学知识,提升全民科学素养、人文素养。推进全民阅读,建设"书香青岛"。健全志愿服务体系,广泛开展志愿服务关爱行动。弘扬诚信文化,推进诚信建设。推动网络精神文明建设,发展积极健康的网络文化。

### (二)增强城市文化影响力

坚持创造性转化、创新性发展,以更自信的心态、更宽广的胸怀,大力传承弘扬齐文化、海洋文化、工业文化等城市优秀传统文化,代表国家参与世界海洋文明对话,打造国际海洋文化名城。

释放城市海洋文化活力。焕新"重工崇商、尊贤尚功、开放包容、创新务实"的齐文化和海洋文化精神,融入城市发展全过程,激发城市认同感、家园感、归属感,打造激情创业、成就梦想的文化环境。实施海洋文化形象提升工程,建设崂山名山文化展示区、滨海历史文化带和齐长城琅琊台文化带,将海洋自然人文景观及标志性文化设施、文化项目串联成线,构筑城市海洋文化走廊。参与海上丝绸之路联合申遗,建设国家文物局考古研究中心北海基地,挖掘琅琊台、金口港、板桥镇等重要遗址的海洋文化价值,开发奥帆、海港、海防、军港、海岛等海洋文化内涵，开展海洋主题文化创建活动，建立一批海洋科普与教育示范基地，支持开展妈祖文化等海洋文化交流，促进海洋文化传播。

保护传承优秀历史文化。推进老城区申报世界文化遗产，加快历史文化街区有机更新，保护历史文化风貌。加强工业文化遗存保护与利用，放大啤酒博物馆、电影博物馆和纺织谷等工业遗存活化利用价值，构筑百年工业文化长廊，实现工业文化与现代时尚有机结合。加强各级文保单位、历史村镇、名人故居、革命遗址等保护。挖掘红色文化资源，弘扬传承革命传统，激发爱国爱乡热情。加强非物质文化遗产保护传承，振兴传统工艺，传承发展传统戏曲。扩大对外文化交流合作。构筑对外交流、对外传播、对外贸易三位一体，以政府为主导、市场为主体、创新为动力的对外文化交流合作新格局。深化东亚文化之都建设，丰富对外交流内容，拓展交流渠道，推出优秀项目，培育知名品牌。提升国际传播能力，争取创办海外中国（青岛）文化中心，讲好"青岛故事"，提升城市知名度、美誉度。发展对外文化贸易，建设文化保税功能区，搭建文化贸易平台，推动一批项目进入海外主流市场。支持企业参加境内外文化专业展会。

## （三）提升公共文化服务水平

加强公共文化服务设施建设，创新完善公共文化服务运营机制，丰富人民群众文化生活，构建普惠性、高质量、可持续的现代公共文化服务体系。

完善公共文化服务设施。提升老城区文化中心功能，加强新城区文化设施建设，构建大型公共文化设施重点向新城区布局。有序建设市图书馆新馆、新书城、演艺大厦、工商历史博览中心、方志馆等重大文化设施，深化文化馆、图书馆总分馆制。建设智慧档案馆。提高区（市）

级公共文化设施服务能力，推进基层综合文化服务中心建设，推动文化资源向基层、农村倾斜，完善区（市）、镇（街道）、村（社区）三级历史文化展示体系。探索开展公共文化服务设施社会化运营，完善面向老年人、青少年、农民工和特殊人群的公共文化服务设施。

创新公共文化服务供给方式。推动公共文化服务标准化、均等化，建成更高水平覆盖城乡、便捷高效、公平普惠的现代公共文化服务体系。健全城乡公共文化服务网络，深化公共文化设施免费开放。统筹各级各类公共文化资源，加强公共文化服务数字化建设，探索实施"互联网+"公共文化服务，建设青岛文化云，增强公共文化服务精准度、实效性。加快媒体深度融合，用好县级融媒体中心，做强新型主流媒体，构建全媒体传播体系。健全政府向社会力量购买公共文化服务机制。建立群众文化需求征集和反馈评价机制，推动文化惠民项目与群众文化需求有效衔接。

提高公共文化产品供给能力。坚持以人民为中心的创作导向，重点抓好以中国梦为主题的现实题材、以"时代楷模""重大典型"为主题的重大题材、以青岛历史文化为主题的地域题材，以及以百姓生活为主题的民生题材作品创作。实施文艺精品创作工程，推出一批体现城市风格、展示城市气质的原创精品力作，命名一批文艺创作村镇和基地。建立文艺创作生产引导制度，健全文化创作生产机制。实施网络文艺精品创作和传播工程，促进传统文艺与网络文艺创新性融合。加强文化智库建设，培育引进高端文化人才，集聚文化大师和名家。鼓励群众文艺创作，扶持引导群众文艺团队发展，培育"草根"文学家、艺术家。

### （四）发展时尚文化产业

坚持把社会效益放在首位，社会效益和经济效益相统一，培育新兴时尚文化业态和文化消费模式，深化文化体制改革，加强文化市场体系建设，扩大优质文化产品供给。

提高时尚文化产业发展水平。重点发展影视演艺、游戏动漫、网络视听、数字出版、时装设计、时尚体育等"文化+"和"互联网+"新业态新模式，促进文化与科技、商贸、金融、旅游、设计等深度融合。做强内容创作、院线配套、发行制作、影视金融等关键环节，发展产业链和产业集群，建设"电影之都"。实施原创音乐扶持计划，打造乐器制作和销售集散地，办好凤凰音乐节、中国国际管乐艺术节等音乐节会，建设"音乐之岛"。培育休闲体育产业，发展帆船等特色海上体育项目，举办好青岛国际帆船周·海洋节和远东杯帆船赛，建设"帆船之都"。坚持以文塑旅、以旅彰文，推动文化旅游深度融合发展，构建文化旅游品牌体系。

培育壮大时尚文化产业载体。打造高端时尚地标，建设啤酒街、咖啡街、音乐街、文化街、风情街等时尚特色街区。规划建设一批时尚文化创意产业园，推进国家数字出版产业基地建设，支持原创文化创意研发。实施时尚文化产业龙头促进计划，鼓励时尚文化企业并购重组，大力引进重点时尚文化企业和时尚文化领军人才。举办艺术博览会、国际时装周、中日韩文化艺术节等时尚节会，策划举办国际时尚论坛、时尚设计大赛、短视频大赛等时尚活动，集聚耦合时尚产业发展元素。

健全现代文化市场体系。完善文化市场准入和退出机制，加强文化市场监管和法制建设。发展多层次文化产品市场，加快培育文化要素市场。发展文化市场中介，建立文化产品拍卖、经纪、评估、鉴定、交易市场。探索建立文化无形资产评估、托管和质押机制。依托青岛文化产权交易中心、青岛国际版权交易中心等平台，加快文化贸易基地建设，推进文化贸易企业聚集发展，建设具有国内影响力的文化产品交易中心。支持文化领域行业组织建设，推动行业自律发展。

# 海外文化赋能东亚文化之都城市文化体系建设：宁波案例

宁波市文化广电旅游局党组成员、副局长　邱金岳

2015年，宁波与日本奈良市、韩国济州道一起当选东亚文化之都，并于2016年举办了"东亚文化之都活动年"。几年来，宁波不断借助东亚文化之都这一名片，围绕"建设独具魅力的文化强市，形成与经济硬实力相匹配的文化软实力"的要求，打造有影响力的重要文化标识，筑牢宁波发展的"根"和"魂"，城市国际化水平显著提高，对外文化交流资源日益丰富，体系、渠道不断完善，城市的文化自信不断提升，为宁波打造"国际港口名城、东方文明之都"，为加快建设现代化滨海大都市奠定了坚实的基础。

## 一、书藏古今，港通天下

宁波，是现代化国际港口城市和国家历史文化名城，长三角南翼经济中心。在历史上，宁波与日本、韩国等东亚国家联系极为密切。凭借独特的地理位置、社会与人文优势，通过宁波口岸向东亚国家输送了大量文化资源，同时日韩诸国也向宁波输入了当地独特的文化资源，这些交流促进了东亚区域的文化发展，也留下了众多著名的历史遗迹。宁波是中国唯一运河与海港相连的城市，是海洋与陆地文化聚集地、交汇点，从南北朝起，东亚地区海上交通中心逐渐由北方转向长江下游口岸，先

后开辟了南岛路与大洋路两条东海航线,催生宁波州治在唐代建立。唐代,日本派遣大批遣唐使到中国学习先进文化,先后4次在宁波登陆入唐。大部分遣唐使留在宁波从事贸易。北宋淳化二年(991)始设市舶司,成为中国通往日本、高丽的特定港,同时也始通东南亚诸国。明代宁波港是官方指定中日贸易的唯一港口,人员和贸易频繁往来的同时,也让宁波成为三国文化交流的中心区。

宁波的青瓷、茶叶、佛画、书籍、钱币等,通过海上丝绸之路大量销往日本、韩国等东亚诸国与世界各地。明代日本禅僧,被称为"画圣"的雪舟绘制的《宁波府城图》和《育王山图》流传至今。从济州漂流到宁波,并沿运河北上返回朝鲜的崔溥撰写长篇中国见闻录《漂海录》记录了宁波当时的情形,成为传递中韩友谊的历史见证。宁波被誉为"书藏古今,港通天下",宁波不仅有亚洲现存最古老的家族藏书楼天一阁,千年书香更孕育了浙东学派,诞生了王阳明、黄宗羲等一大批思想家;宁波还是110多位两院院士和中国首位自然科学类诺贝尔奖得主屠呦呦的故乡。而今,宁波舟山港与世界上100多个国家和地区的600多个港口通航,货物吞吐量居世界首位。

## 二、"一带一路",文化赋能

宁波是全国首个"一带一路"建设综合试验区、"中国—中东欧16+1"国家经贸合作示范区、与文化和旅游部共建保加利亚索非亚中国文化中心,围绕"书藏古今,港通天下",以讲好中国故事、宁波故事为着力点,打造好"海丝古港,微笑宁波"的文旅品牌,创新推进国际传播。

一是充分用好东亚文化之都总品牌,建立城市文化体系品牌矩阵。通过建立高质量、有影响的文化体系,对内满足市民不断增长的文化需求,对外服务"一带一路"建设,产生了重要的引领和导向作用。早在

2016年，宁波就规划了"一都三城"的文化之都专项规划，即"书香之城""音乐之城""影视之城"。根据工作的实际，在"三城"基础上，又增加了一个"创意之城"，进行立体化建设推进，通过具体的项目实现文化惠民、服务"一带一路"建设。二是专项任务扎实推进。成立于2015年年底的宁波交响乐团，首个重大任务就是大量参与东亚文化之都宁波"活动年"的各项活动，目前已成长为国内一流的高水平交响乐团。2016年，宁波推出了惠及广大市民的"一人一艺"全民艺术普及工程，已经成为重要的公共文化品牌，成为新的经验推向全国。2017年，宁波承办了第15届亚洲艺术节，被市民誉为宁波高水平引入国外精品文艺的里程碑。2017年年底，受文旅部委托，由宁波市承担运营的保加利亚索非亚中国文化中心投入运营，成为在海外展示城市形象的重要窗口。

### 三、文旅融合，扩大传播

几年来，宁波不断扩大与日韩以及中东欧国家、"一带一路"沿线国家的交流与合作。发挥东亚文化之都的联动作用，依托中国—中东欧博览会、海丝之路文旅博览会、海外"宁波周"等重要国际交流平台，积极参与国家丝绸之路国际剧院联盟、博物馆联盟、艺术节联盟、图书馆联盟、美术馆联盟等，并利用海外新媒体（Facebook、Twitter等）和国内新媒体进行信息共享、事件推广、话题引爆，增加宁波文化旅游品牌的曝光率，提升网络影响力。

如去年宁波交响乐团举行纪念贝多芬250周年诞辰系列音乐会，5天连演贝多芬九部交响乐，由宁波籍指挥家、小泽征尔的关门弟子俞潞指挥，通过哔哩哔哩平台进行全球直播，成为全球古典乐迷们津津乐道的网红事件，成功推高了宁波的全球形象。2021年，宁波创新推出将宁波优质文艺资源与城市文旅推广联动的新机制，最近宁波创排的舞剧《花木兰》，在长沙、重庆和成都掀起了"宁波热度"。2022年，宁波象山承担第十九届亚运会的帆船帆板、沙滩排球项目，"亚运时刻"为城市文化建设创造大量新机遇，进一步吸引人们前来宁波旅游，为伙伴城市导流，将文化资源有效转化为旅游流量资源，在各个层面保证海外文化赋能总体目标的实现。

### 四、"十四五"宁波东亚文化之都建设愿景

宁波的东亚文化之都建设，是宁波"十三五"时期的重要抓手，取得了丰硕的成果。"十四五"期间，宁波将进一步扩大对外文化交流，推进大运河国家文化公园建设，打造"中国大运河出海口"金名片，提升三江六岸"海上丝绸之路"文化长廊，推动"海上丝绸之路"联合申遗，打造"海上丝绸之路"文化之都。天一阁博物馆新馆、河海博物馆，新的宁波文化馆、宁波音乐厅等一批重大标志性文化场馆将启动建设，重大项目也为更多高层次国际文化艺术和体育项目来到宁波创造条件。发挥海丝之路中国（宁波）文旅博览会、海外宁波周等载体作用，争办世界佛教论坛和举办阳明文化国际论坛等活动，积极引进举办高端国际文化活动，加强对外人文交流与合作。用好海外"宁波帮"资源，发展海外传播团、代言人。主动承接国家、省级对外文化交流项目，支持文化企业参加国际展会，推动宁波文化"走出去"。加强宁波对外文化交流协会建设，发挥社会组织作用，大力弘扬宁波优秀传统文化。

### 五、宁波"十四五"城市文化体系建设摘要——提升城市文化软实力，建设独具魅力文化强市

坚持以社会主义核心价值观为引领，举旗帜、聚民心、育新人、兴文化、展形象，促进满足人民文化需求和增强人民精神力量相统一，促进文化软实力与经济硬实力相适应。

## (一) 让现代文明蔚然成风

加强理论武装。深入实施铸魂工程、溯源工程、走心工程，深化习近平新时代中国特色社会主义思想学习宣传实践。健全党员领导干部理论学习教育制度体系和基层理论宣传宣讲工作体系，提升理论传播实效和大众普及水平，推进党的创新理论"飞入寻常百姓家"。实施文化研究工程，推动新时代哲学社会科学高质量发展，建设高水平的社科强市。

大力弘扬时代新风。推进社会主义核心价值观教育引导、实践养成和制度保障体系建设。深入开展理想信念教育活动，大力弘扬红船精神、浙江精神、"四知"宁波精神。实施文明创建工程，开展新时代文明生活行动，深化新时代文明实践中心建设。推进志愿服务规范化、常态化、制度化。实施风清俗淳培根工程，广泛开展道德典型宣传活动，擦亮"爱心宁波·尚德甬城"品牌。加强家庭、家教、家风建设，预防和制止家庭暴力。巩固壮大主流思想舆论。不断深化形势宣传、政策宣传、成就宣传和典型宣传。实施全媒体传播工程，加快媒体深度融合发展，打造具有全国影响力的重大传播平台。提升县级融媒体中心建设水平，打造面向基层的主流舆论阵地、综合服务平台和社区信息枢纽。完善网络综合治理体系，建强用好网络传播阵地，加强网络文明建设，发展积极健康的网络文化。

## (二) 传承弘扬优秀传统文化

加强文化遗产保护传承。深化河姆渡、井头山等史前遗址考古发掘和价值研究，创建河姆渡国家考古遗址公园，推动河姆渡—井头山遗址申报世界文化遗产。推进大运河国家文化公园建设，打造"中国大运河出海口"金名片。提升三江六岸"海上丝绸之路"文化长廊、上林湖越窑国家考古遗址公园建设水平，推动"海上丝绸之路"联合申遗，打造"海上丝绸之路"文化之都。加强浙东抗日根据地旧址、慈城古县城、它山堰世界灌溉工程遗产等文化遗产研究保护利用。实施非物质文化遗产保护传承计划，健全非遗保护管理机制，推进非遗保护传承立法。

推动优秀传统文化活化利用。加强文化古籍保护、研究、利用，推进高水平文博体系建设。实施文物保护工程、平安工程，推进大运河文化带、浙东唐诗之路沿线文物资源保护传承，加强革命文物保护利用。推进水下文物考古和文化遗产保护，深入开展海丝、海防、海港遗存研究。引导优秀传统文化资源融入生产生活实践，拓宽优秀传统文化多元利用方式。鼓励社会力量和专业机构开发文化产品和服务，做精做强优秀传统文化品牌。推动传统工艺振兴和老字号保护传承。扩大对外文化交流。发挥中国—中东欧博览会、甬港经济合作论坛、海丝之路中国（宁波）文旅博览会、海外宁波周等载体作用，争办世界佛教论坛和举办阳明文化国际论坛等活动，积极引进举办高端国际文化活动，加强对外人文交流与合作。用好海外"宁波帮"资源，发展海外传播团、代言人。主动承接国家、省级对外文化交流项目，支持文化企业参加国际展会，推动宁波文化"走出去"。加强宁波对外文化交流协会建设，发挥社会组织作用，大力弘扬宁波优秀传统文化。

**（三）构建现代公共文化服务体系**

提升文化设施建管水平。高水平建设天一阁博物馆新馆、非物质文化遗产馆、河海博物馆、文化馆新馆、新音乐厅、档案中心等文化设施，打造新时代宁波文化地标。完善基层公共文化设施网络，深化农村文化礼堂建设。实施图书馆、文化馆、美术馆、博物馆、档案馆等数字化工程，提升文化设施数字化展示水平。建立公共文化机构法人治理机制，创新探索委托管理模式，支持民营博物馆、民营美术馆、民营书店等发展，推广公共文化设施延时开放、错时开放、按需开放。提升文化设施空间品质，兼容文旅服务、文旅消费功能。

强化高品质公共文化供给。深化公共文化服务供给侧改革，推动新闻出版、广播影视、文学艺术等文化事业繁荣发展，大力培育音乐会、歌舞剧、交响乐等高品位文化艺术形态。完善公共阅读服务网络，推动全民阅读品牌建设，办好浙江书展。持续开展文化下乡和"文化走亲"活动，创新实施"一人一艺"全民艺术普及工程。实施文化精品工程，加强重大革命、重大历史、重大现实题材创作。引导推动网络文学、网络剧、微电影等新兴文艺健康发展。

完善公共文化服务管理机制。推进城乡公共文化服务体系一体化建设，完善基本公共文化服务标准和保障标准动态调整机制。推动优质公共文化资源向农村和偏远地区下沉，建设高效便捷的"15分钟文化活动圈"。健全公共文化服务供需对接机制，创新"菜单式""订单式"公共文化服务。推进公共文化机构和旅游服务中心功能融合。

## （四）发展更具竞争力的文化产业

优化文化产业结构和布局。加快文化产业集群建设，建设三江都市文化核心区，运河—丝路文化、数字文化两大产业带，以及书香文化、人文旅游、音乐演艺、文化科技、文化智造、影视传媒、工艺美术等十大功能区，引导文化产业特色化、差异化、集群化发展。高标准打造全国一流影视产业基地，争创联合国教科文组织创意城市"电影之都"。实施潜力文化企业"新势力"成长计划、骨干文化企业"单项冠军"小巨人计划、龙头文化企业"凤凰"引培计划，做大做强文化产业市场。

推动文化产业数字化赋能。深化文化领域数字化建设、数字化应用和数字化转型，推动文化产业转型升级。实施数字内容优质企业发现计划，加强数字内容IP开发和转化，推动国家动漫基地升级，促进游戏产业健康发展，打造具有全国影响力的数字文化新兴产业集聚区。加快数字影视、文化智造、数字传媒、数字音乐等数字赋能产业发展，打造"云上文化"品牌。加快人工智能与文化产业融合，推进区块链应用到文化产品和服务、版权保护与交易、文化大数据交易等领域。

推进文旅深度融合发展。坚持以文促旅、以旅彰文，建设文化和旅游融合发展示范区。打造一批富有文化底蕴的旅游景区、度假区和街区，提升国家级旅游休闲示范城市的文化特色。深化开展"流动的世界文化遗产"和"顺着运河来看海"等推广活动，打造"大运河—海丝之路""浙东唐诗之路""诗画浙江·百县千碗·甬菜百碗"等一批文旅金名片，推进文旅消费试点城市和文旅消费集聚区建设。将更多文化遗产资源纳入旅游线路、融入景区景点，推出一批承载革命文化内涵、群众喜闻乐见的红色旅游产品。大力发展工业、研学、体育、康养、会展等旅游新业态，扩大多样化文旅产品供给。

# 文化为介"海丝"为线打造泉州特色东亚文化之都城市品牌

泉州市文化广电和旅游局副局长　苏　悦

泉州古称"刺桐",是古代"海上丝绸之路"重要节点、国务院首批公布的24个历史文化名城之一、首届东亚文化之都、全国首个文化生态保护区闽南文化生态保护区的核心区、全国著名侨乡和台湾汉族同胞主要祖籍地。

近年来,泉州以文化为介,以"海丝"为线,依托侨乡优势,坚持东亚文化之都形象推广和品牌宣传,持续开展富有特色和影响力的对外文化交流活动,先后组织近200个文化团组3000多人次前往30多个国家和地区,邀请日韩等40多个国家和地区、170多个团队2600多人次来泉州进行文化交流。

## 一、突出海丝资源,打造文化之都国际文化品牌

宋元时期,泉州"刺桐港"被称为"东方第一大港",与世界上100多个国家和地区有经贸、文化往来,呈现出"涨海声中万国商"的繁荣景象,留下众多弥足珍贵的遗产。第44届世界遗产大会在泉州召开,审议了"泉州:宋元中国的世界海洋商贸中心"项目。该项目展现了泉州作为宋元时期中国与世界文明的对话窗口,完善的海洋贸易制度体系、发达的经济水平以及包容的文化态度,体现了多元共荣的海洋商业传统,

若申遗成功,将成为泉州展示海洋文化、彰显文化自信的亮丽名片。泉州以海丝为主线,积极策划组织主题性文化交流和学术研讨等活动,连续成功举办4届海丝国际艺术节,吸引众多国家和地区参加,成为"海丝"沿线国家文化交流的重要平台。

## 二、发挥侨乡优势,搭建文化之都对外交流平台

目前分布在世界130多个国家和地区的泉籍华侨华人有950万,其中90%居住在"海丝"沿线,成为中国与"海丝"沿线国家联系交往的重要纽带。闽南文化是海内外泉州人的"乡愁",泉州以南音、南戏、南建筑、南拳、南派工艺等极具特色的"五南"文化为核心,依托海外泉籍社团、商协会、宗亲会、国际友城、驻外使领馆,搭建对外交流桥梁纽带,打造特色鲜明的文化交流品牌和平台,形成世界性影响。比如,泉州连续举办4届世界闽南文化节、6届国际木偶节、13届国际南音大会唱等活动,特别是到马来西亚、迪拜等国家和地区举办世界闽南文化节,让闽南文化凝聚全世界的闽商、闽南籍侨胞,也让年轻一代海外泉州人更多地了解和弘扬家乡优秀传统文化。泉州注重参加东南亚国家的世界性文化活动,如应邀参加中菲优秀传统文化节、新加坡华艺节等活动,增强华人华侨对祖籍地"根"的认同,推进与"海丝"沿线国家的民心相通。

## 三、强化古城保护,传承文化之都城市历史文脉

泉州是文化遗产大市,现有各级文物保护单位945处,其中国家级44处;有各级非物质文化遗产505项,其中世界级5项、国家级34项,是全国唯一囊括联合国教科文组织"非遗"保护三大名录的城市。泉州6.41平方千米的古城保留了完整的唐宋以来的中国传统思想体系,是物

质与非物质遗产的聚集区，是文化传承有序、信仰协同发展的典范，被称为"世界宗教博物馆""世界多元文化展示中心"。当选文化之都后，泉州市大力实施古城文化复兴计划，被列入住建部"古城双修"试点，通过"原真性保护、活态化利用、功能性提升、生态型修复、家园式共造"的整体性保护提升，形成了"见人见物见生活"的模式，打造了一座"世界的古城、活着的古城"。金鱼巷微改造工程荣获2019—2020年中国建筑学会建筑设计奖"历史文化保护传承创新专项"一等奖，中山路历史文化街区保护传承项目荣获二等奖。

### 四、推进文旅融合，展示文化之都建设发展成果

泉州以创建国家公共文化服务体系示范区为抓手，盘活城市闲置工业区，建设东亚之窗、源和1916等文创园区，新建海丝艺术公园、泉州非遗馆、泉州大剧院、泉州图书馆等一批有品质的公共文化场所，丰富城市文化旅游载体。启动德化窑址、安溪冶铁遗址、市舶司遗址、南外宗正司遗址等展示和考古公园建设。同时，利用陶瓷、石雕、茶叶、篾香等非遗传统工艺优势，形成可持续发展的泉州特色产业。实施"互联网+"，建设"泉州文化云"平台，开启文化馆、博物馆"云端"模式，在线举办"云看展""云直播"，提升泉州城市文化影响力。

在当今世界面临百年未有之大变局的背景下，以东亚文化之都为平台，扩大中华文化海外传播，提升文化软实力意义重大。泉州将持续以"海丝泉州"为主体、以闽南文化为主要内容，积极整合各方资源，统筹推进文化资源保护、整合利用、产业融合、产品开发、品牌营销、公共配套、服务管理等工作，加强区域联动协作，提升东亚文化之都影响力，推动文化之都城市建设更加品牌化、国际化。

## 五、"十四五"泉州东亚文化之都建设愿景

"十四五"期间,泉州将以打造世界级文化都市品牌为目标,擦亮古代海上丝绸之路重要起点城市、首届东亚文化之都等世界级文化名片,传承历史文化,弘扬现代文明,打响海丝国际历史文化名城品牌,全方位提升城市文化影响力和软实力。开展"海丝泉州"城市营销,提高城市文化辨识度,促进优秀传统文化创造性转化、创新性发展。全力以赴推动"泉州:宋元中国的世界海洋商贸中心"申报世界文化遗产,协助办好第44届世界遗产大会。打造展示海丝文化标志性项目。高标准建设中国海上丝绸之路博物馆、南洋华裔族群寻根谒祖综合服务平台等文化新地标,打造面向全球的海丝文化展示交流平台,提升城市品牌传播力,增强泉州在世界文明交流互鉴中的独特作用。高水平办好第18届世界中学生运动会,精耕细作海丝国际艺术节、环泉州湾国际公路自行车赛等一批国际活动。突出泉州海丝文化特色,持续举办泉州海丝文艺文物境外展演展示,推动南音、木偶等非遗项目"走出去",打造中华文明输出城市。建设海丝国际文化旅游城市,持续提升"泉州:宋元中国的世界海洋商贸中心"文化遗产文旅品牌吸引力和影响力,不断深化与周边热点旅游目的地和国际友城的文旅开发协作,创新做好城市旅游宣传推介,积极推动"海丝旅游推广联盟"建设,擦亮"海丝泉州"品牌,建成世界海丝文化休闲旅游目的地。加强同世界旅游组织合作,服务国家外交大局,依托海丝国际艺术节等活动,加强与海丝沿线国家和地区、东南亚华侨华人文化交流,形成对外宣传和文化交流的文旅品牌。

## 六、泉州"十四五"城市文化体系建设摘要——推进文化事业繁荣和文化产业发展加快建设文化强市

把文化建设放在全局工作的突出位置,坚持马克思主义在意识形态

领域的指导地位，坚持以社会主义核心价值观引领文化建设，围绕举旗帜、聚民心、育新人、兴文化、展形象的使命任务，坚定文化自信，强化守正创新，加速文化资源优势转化为城市竞争优势。深度挖掘开放包容的国际化海丝文化遗产，讲好泉州的中国故事，着力塑造国际性多元文化特色鲜明的城市形象和"一带一路"民心相通的重要窗口。

## （一）打造世界级文化都市品牌

擦亮古代海上丝绸之路重要起点城市、国务院首批公布的历史文化名城和首届东亚文化之都等世界级文化名片，传承历史文化，弘扬现代文明，全方位提升城市文化影响力和软实力。

打响海丝国际历史文化名城品牌。开展"海丝泉州"城市营销，提高城市文化辨识度，促进优秀传统文化创造性转化、创新性发展。以"世界古城"、刺桐古港建设为纽带，持续推动古城复兴、古港振兴。打造古城区6.4平方千米"国际慢城"、刺桐古港国际文化展示中心等一批经典历史文化地标。全力以赴推动"泉州：宋元中国的世界海洋商贸中心"申报世界文化遗产，协助办好第44届世界遗产大会。加强考古工作体系化建设，建好考古和遗产研究基地。

打造展示海丝文化标志性项目。高标准建设中国海上丝绸之路博物馆、南洋华裔族群寻根谒祖综合服务平台等文化新地标，打造面向全球的海丝文化展示交流平台，提升城市品牌传播力，发挥泉州在世界文明交流互鉴中的独特作用。高水平办好第18届世界中学生运动会，精耕细作海丝国际艺术节、环泉州湾国际公路自行车赛等一批国际活动。争取举办高规格国际会议、论坛等。突出泉州海丝文化特色，持续举办泉州海丝文艺文物境外展演展示活动，推动南音、木偶等非遗项目"走出去"，打造中华文明输出城市。建设海丝国际文化旅游城市。突出"亮点在古城、厚度在山海",着力构建"一湾两带六集群"全域旅游格局,持续提升"泉州:宋元中国的世界海洋商贸中心"文化遗产文旅品牌吸引力和影响力,不断深化与周边热点旅游目的地和国际友城的文旅开发协作,创新做好城市旅游宣传推介工作,积极推动"海丝旅游推广联盟"建设,擦亮"海丝泉州"品牌。注重文脉延续和业态活化,构建以多元文化为引领,以古城、山海、产业等为载体的观光游览、休闲度假、文化体验、商务研学产品体系,建设一批富有文化底蕴的世界级旅游景区和度假区,打造一批文化特色鲜明的国家级旅游休闲街区,建成世界海丝文化休闲旅游目的地。运用市场机制推动旅游业要素流动、产品更新、品质提升、市场开拓,推动大数据、云计算、人工智能、区块链等与旅游业融合发展。组织打造体现泉州海丝文化特色的城市影音文化作品和城市演艺项目,打造城市文艺会客厅,推动城市文化旅游消费升级,创建国家级文化和旅游消费试点城市。建设一支高质量的导游队伍。加强同世界旅游组织合作,服务国家外交大局,依托海丝国际艺术节等活动,加强与海丝沿线国家和地区、东南亚华侨华人文化交流,形成对外宣传和文化交流的文旅品牌。

**(二)构筑闽南特色的公共文化空间**

深化国家公共文化服务体系示范区创建,结合古城修复、城市更新、新区开发,延续城市历史文脉,塑造宋风闽韵的城市独特气质,打造地域文化特色浓郁的人居环境、人文氛围和生活场景,保护充满活力、节奏舒适的街巷生活气息,更好地体现爱拼敢赢的城市精神和开放包容的城市品格。

深化国家级闽南文化生态保护区核心区建设。坚持保护优先、整体保护、见人见物见生活的理念,维护和培育闽南文化生态,强化非物质文化遗产系统性保护。打造多元文化品牌，展示泉州海洋文明、中原文化与海丝文化融合共生，办好世界闽南文化节等活动，加强郑成功文化、妈祖文化、关帝文化、清水祖师文化、乡愁文化、魁星文化、蚶江对渡文化等交流，增强泉州作为著名侨乡、台胞祖籍地的文化感召力。以泉州公共文化中心为载体，争取设立"世界闽南文化交流中心""闽南文化生态展示中心"。以文化和自然遗产保护利用"1+3+N"系列措施为抓手，健全文化遗产保护开发长效机制，推动海丝文化、闽南文化的创造性转化和创新性发展。

彰显宋风闽韵城市风貌。充分挖掘历史文化特质，在城市建设中注重融入多元文化、海洋文明等历史积淀和人文景观，鼓励将具有闽南特色的优秀传统文化元素运用在城乡建设中，凸显海洋文明与闽南地域魅力，塑造宋风闽韵的城市独特气质，不断增强市民对城市的认同感、自豪感和归属感。推动区域文化生态整体性保护，开展古代泉郡书院复建复兴，推进21个闽南文化生态保护区重点区域建设。推动非遗代表性项目扩编，争取新增1个人类非遗代表作项目、6个国家级项目、12个省级项目。加强各级非遗代表性项目保护，加大南音、木偶戏后继人才培养计划等联合国教科文组织非遗名录（名册）项目履约保护力度。举办非遗主题展览展示展演，不断创新提升海丝国际艺术节非遗博览会、泉州国际南音大会唱、泉州国际木偶节等活动举办水平。

提升公共文化服务水平。巩固国家公共文化服务体系示范区创建成果，推进城乡公共文化服务一体化建设，完善农村文化基础设施网络，保障特殊群体基本文化权益。持续提升档案管理工作水平，推进档案事业发展。提升博物馆、非遗展示馆、文化馆、图书馆、百姓书房等文化场馆服务效能，精心培育小尺度、易亲近的文化微生态，打造"城市15分钟文化圈、农村十里文化圈"。全面繁荣新闻出版、广播影视、文学艺术、哲学社会科学事业，复兴广义"泉州学"。组织开展第三轮修志。实施哲学社会科学创新工程，加强新型智库建设。加强现实题材创作生产，在海丝交流、泉台港澳、民营经济等方面推出若干反映时代新气象、泉州特色的文艺作品。创新实施文化惠民工程，加大文艺精品创作力度，加大文化人才队伍建设力度，培育文艺人才梯队。深入挖掘泉州优秀传统文化，实施"一县一品"特色项目，打造公共文化特色品牌。

实施文化设施提升工程。深入实施公共数字文化工程，统筹推进全市文化信息资源共享，推动数字图书馆、博物馆建设。加快海上丝绸之路国家文化公园、海上丝绸之路艺术公园三期、海丝文旅会展中心、泉州美术馆、海上丝绸之路艺术研究院、联合国教科文组织丝路考察纪念馆等文化项目建设。

### （三）推动"文化+"产业跨界融合

完善文化产业规划和政策，加强文化市场体系建设，发展融合泉州元素的特色文化产业，不断扩大优质文化产品供给。

深化文化体制改革。建立健全文化创作生产体制机制，完善文化管理体制和生产经营机制，组建市属国有文化传媒集团。深化国有文艺院团改革，构建良性社会效益考核评价体系，提升院团内容创作能力和市场竞争力。

健全现代文化产业体系。坚持把社会效益放在首位，实现社会效益和经济效益相统一，完善文化影视产业支持政策，加强文化市场体系建设，扩大优质文化产品供给。实施文化产业数字化战略，加快发展新型文化企业、文化业态、文化消费模式。推进文化产业"上云用数赋智"，推动古城数字文创动漫基地、海峡两岸数字视听产业基地、泉州市智慧旅游云平台等重大项目建设，打造数字文旅服务矩阵。培育壮大一批文化产业龙头、文化产业园区，推动区域文化产业带建设。加快打造源和1916、领SHOW天地文创园、五店市等国家级文化产业示范园区。突出文化跨界创新，打造时尚工艺、滨海雕艺、茶文化、香文化、瓷文化、石文化等文旅产业集群。

发展融合泉州元素的特色文化产业。挖掘泉州文化艺术资源，形成独具"泉州价值"的动漫、视听影视、广告、演艺娱乐和印刷出版等文化创意产业。依托泉州制造业基础，加快打造以企业为主体、市场为导向、产学研相结合的工业设计创新体系和泉台工业设计师的聚集地。

### （四）提高社会文明程度

推动形成适应新时代要求的思想观念、精神面貌、文明风尚、行为规范。

深化全国文明城市创建。落实城市公共环境秩序管理，推动创建工作机制化、常态化。构建环泉州湾文明城市群，深入开展文明城市、文明村镇、文明单位、文明家庭、文明校园等群众性精神文明创建活动，提升社会文明程度。

加强新时代公民思想道德建设。推动形成适应新时代要求的思想观念、精神面貌、文明风尚、行为规范。打造"泉民开讲"理论宣传教育新平台。实施"习近平新时代中国特色社会主义思想及'晋江经验'在泉州的成功实践教育培训工程"，善于用党的创新理论武装全党、教育人民。加强党史、新中国史、改革开放史、社会主义发展史教育，加强爱国主义、集体主义、社会主义教育，加强新时代公民道德建设，实施文明创建工程，推进新时代文明实践中心建设。

提升社会文明治理。完善诚信建设、志愿服务、文明旅游、青少年理想信念教育等长效机制。提倡厉行节约、反对浪费，大力推进移风易俗工作，开展以劳动创造幸福为主题的宣传教育活动。加强家庭、家教、家风建设。落实意识形态工作责任制度，健全重大舆情与突发事件依法处理、舆论引导、社会面管控"三同步"机制。推动媒体深度融合，打造自主可控、传播力强的新型网络传播平台，建强用好县级融媒体中心。

# 从"泉都"到文化之都特色地方文化与济南东亚文化之都发展

济南市人民政府副秘书长  张 蓉

"齐多甘泉，冠于天下。"济南南依泰山，北跨黄河，拥河而立，因泉而名，素有海右名郡、天下泉城的美誉。泉水，赋予了济南独特的气质，孕育了济南独特的文化。近年来，济南市将"文化济南"列入城市发展战略，立足城市特色，做好"泉水"文章，组织开展了一系列泉水文化品牌活动，带动了文化产业发展，促进了城市软实力的提升。

## 一、泉水与城市相伴相生，让济南这座千年古城更有底蕴、更具魅力

济南有8000年泉水史、4600年文明史、2600年建城史，是国家历史文化名城、首批中国优秀旅游城市，史前文化——龙山文化的发祥地。济南的泉水，形态各异，摇曳多姿，正如最具代表性的"济南二安"——李清照和辛弃疾，既有"误入藕花深处"的婉约之美，也有"气吞万里如虎"的豪放之志。泉水记载着济南悠久绵长的发展历史。济南泉水的最早记载，可追溯到殷商时期，甲骨文"泺"字，描述的就是现在的趵突泉。《春秋·桓公十八年》记载，"公会齐侯于泺"，记述了当时鲁桓公与齐襄公在泺水相会之事。泉水塑造了济南独具特色的城市风貌。古人择居立邑，必以靠山临水为首选。直到今天，济南以泉水命

名的街巷仍有30多处，乡镇、村庄80多处，体现的是泉、城、人的完美结合。泉水积淀了济南醇厚多姿的人文之美。在济南，凡有知名泉水之处，必有名人游居踪迹。战国神医扁鹊、唐朝名相房玄龄、著名词人李清照、爱国诗人辛弃疾等都诞生于此；李白、杜甫、苏轼、蒲松龄、老舍、季羡林等名人，都曾在济南生活、游历或求学为官，杜甫更是在济南留下了"海右此亭古、济南名士多"的千古佳句。

**二、泉水品牌活动创建，让济南城市文化建设成果更具特色、更有影响力**

以泉水开展文化活动，自古有之。金代济南就出现了品评名泉活动，有《名泉碑》面世，对众多的泉水进行人文审美，此后济南有了"七十二泉"之说。进入新时代，济南用好泉水这一自然禀赋，打造城市文化建设品牌。我们打造了济南国际泉水节。节会已成功举办8届，从最初的纪念节日上升为全市上下共同策划、全民广泛参与的重大节日。活动既有活力四射的泉水音乐节、国际定向寻泉赛、泉民涌动·环湖悦跑、泉水节龙舟赛，又有墨香清溢的咏七十二名泉书法作品展，还有地方特色的中国鲁菜美食文化节。济南举办了国际泉水文化景观城市联盟会议。俄罗斯、日本、韩国、美国、英国、瑞士等13个国家的泉水友好城市参会代表，围绕泉水文化与城市文化、遗产保护与旅游资源开发碰撞思想、洽谈合作。会议的举办助力泉水申遗取得积极进展，2019年济南"泉·城文化景观"成功入选中国世界文化遗产预备名单。济南推出了国际泉水冬泳赛，已连续举办9届，是世界上唯一在泉水中开展的冬季游泳项目，是目前国内规格最高、参赛国家和地区最多的国际冬泳赛会活动。泉水品牌活动的打造，提升了济南城市文化建设成果。近年来，济南先后获得"中国十大夜经济影响力城市""2019年中国文化和旅游网红目的地""中国十大美好生活城市""首批国家文化和旅游消费示范城市"

等荣誉。

### 三、泉水与东亚文化之都"牵手",让新时代泉水文化焕发出新生机、新活力

2021年5月,济南入选2022年东亚文化之都城市,下一步将以成功创建为契机,在文化和旅游部的关心指导下,认真学习兄弟城市经验,讲好泉城文化故事。济南举办了2022年"'东亚文化之都'·中国济南年"系列活动。以"济水之南天下泉城"为主题展现泉水文化时代新魅力,列入框架内的各类文化活动有100余场。济南成功举办了第30届全国图书交易博览会、第二届中国国际文化旅游博览会、第四届中国歌剧节、第二届国际电竞节等活动。济南将实施泉城文化建设重大项目,设立2000亿元古城基金,改造提升古城、商埠区等泉城特色风貌带。打造泺口古镇、乐华城、华侨城、明水古城等总投资超1000亿元的重点文旅项目。全力推进齐长城国家文化公园、城子崖和大辛庄考古遗址公园建设,全力推进济南"泉·城文化景观"申遗,打造"山水圣人"中华文化枢轴,为东亚文化之都建设作出济南贡献。

近100年前,伟大诗人泰戈尔来到济南,写下了让无数人心向往之的诗句,"我怀念满城的泉池,他们在光芒下大声地说着光芒",现在,济南的泉池光芒依旧,更胜从前。

### 四、"十四五"济南东亚文化之都建设愿景

"十四五"期间,济南将深入推动东亚文化之都城市建设,建成国际知名文化旅游目的地城市,对外开放实现新跨越。全面参与黄河文化传承创新工程和"中国黄河"国家形象宣传推广活动,建设黄河影像博物馆和黄河流域海外媒体采访基地,建立历史与现实相映、传统与现代交融、彰显泉城特色的黄河文化体系。积极申办亚洲文明对话大会,搭建

文明互学互鉴、共同发展平台。联合打造具有国际影响力的黄河文化旅游带，率先建设黄河流域对外开放示范区。积极参与山东中日韩地方经贸合作示范区建设。搭建对外文化交流和多层次文明对话平台，办好济南国际泉水节，讲好"泉城故事"。

**五、济南"十四五"城市文化体系建设摘要——繁荣发展文化事业和文化产业，高水平建设独具魅力的历史文化名城**

坚持马克思主义在意识形态领域的指导地位，坚定文化自信，围绕举旗帜、聚民心、育新人、兴文化、展形象的使命任务，更好地传承齐鲁文化精髓、弘扬红色文化精神、展现泉城文化精彩，以文化人、以文化物、以文惠民，用社会主义核心价值观引领社会新风尚，凝聚起新时代现代化历史文化名城建设的强大精神力量。

**（一）强化先进文化引领**

深入开展习近平新时代中国特色社会主义思想学习教育，推动党的创新理论进企业、进农村、进机关、进校园、进社区，实现理想信念教育常态化、制度化。加强党史、新中国史、改革开放史、社会主义发展史教育和爱国主义、集体主义、社会主义教育。加强红色文化保护与传承，加大红色文化遗存修缮保护力度，增强中共山东省工委旧址、济南市委重建地、济南战役纪念馆、莱芜战役纪念馆、大峰山党性教育基地等各类教育基地的时代性和感召力，实施"泉城记忆"建设行动，规划建设中共山东早期历史纪念馆、党史方志馆。发挥党校（行政学院）、党史研究院、社科院等思想理论工作平台作用，深化拓展马克思主义理论研究和宣传教育。繁荣发展哲学社会科学，深化新时代社科普及工作，推出更多具有广泛影响力的哲学社会科学优秀成果。强化舆论宣传引导，推出"新黄河"等具有全国影响力的新媒体平台，打造学习传播实践的重要阵地。

## （二）创建全国文明典范城市

制订实施新一轮文明城市创建行动计划，全面推进文明城市、文明村镇、文明单位、文明家庭、文明校园"五大创建"。建好用好新时代文明实践中心，广泛开展志愿服务活动。积极推进社会公德、职业道德、家庭美德、个人品德建设，加强未成年人思想道德建设，深入开展"时代楷模""道德模范""身边好人""出彩人家""最美践行者""榜样"等选树活动，打造"大爱济南"城市品牌。充分运用现代科技手段，建设完善"我爱泉城"市民文明行为激励回馈暨智慧管理总平台，提高文明城市创建的智慧化、规范化、常态化管理水平。开展新时代网络文明实践活动，建设积极健康、向上向善的网络文化。弘扬诚信文化，推进诚信建设，创建国家信用体系建设示范城市，让失信者寸步难行，让守信者一路畅通。

## （三）推动优秀传统文化创造性转化创新性发展

坚持满足人民文化需求和增强人民精神力量相统一，深入挖掘济南历史文化深厚内涵，加强考古工作和文物保护利用，实施文物精品、珍贵古籍、影像资料数字化工程，促进历史文化遗产活化利用，更好地延续城市文脉。推动打造齐长城国家文化公园，建设城子崖龙山文化遗址公园、大辛庄商代遗址公园和东平陵故城汉代遗址公园，加强对嬴秦文化及遗址的保护、开发与利用。引导激励高质量精神文化产品创作、生产、传播，深化国有文艺院团改革，集聚培育名家大师，推出更多济南原创文化精品，重现济南"曲山艺海"盛景。推动非物质文化遗产传承创新，办好中国非物质文化遗产博览会、全国图书交易博览会和济南国际双年展（美术）。大力挖掘名士文化资源，推进以"中华'二安'·文化济南"为代表的诗词文化保护传承和活化利用，打造"诗城词都"文化品牌。积极申办中国百花电影节、中国歌剧节、中国"荷花奖"舞蹈大赛、国际音乐节、国际戏剧节、国际合唱节、国际电竞节、国际时装展等国内外知名艺术节赛，让济南更加时尚、更具活力。

### （四）提升公共文化服务水平

全面繁荣新闻出版、广播影视、文学艺术事业，加快媒体深度融合，实施全媒体传播工程，做强新型主流媒体，建强用好县级融媒体中心，打造"新媒体之都""网红济南"。加大新闻发布力度，积极回应社会关切。推进城乡公共文化服务体系一体化建设，创新实施文化惠民工程，广泛开展丰富多彩的群众性文化活动，推动公共文化基础设施向郊区、镇村倾斜，提升公共文化服务均衡化、优质化水平。推动更多城市公共空间建设融入文化元素、增添体育功能，打造更多群众家门口的"文化客厅""健康驿站"。大力倡导全民阅读，推进"泉城书房"建设，提升"书香济南"影响力。加强公共文化设施建设，规划市博物馆新馆、市城市规划馆、市档案馆新馆、市科技馆等，建设一批公益性为主的演艺场馆，搭建公共文化云平台，提升公共文化服务数字化水平。

### （五）推动文化产业高质量发展

深化文化体制改革，加强文化市场体系建设，做大做强影视动漫、文化会展、演艺娱乐等产业，打造"黄河Ｖ谷"5G+超高清视频产业基地，扩大优质文化产品供给。实施文化产业数字化战略，培育发展新型文化企业、文化业态、文化消费模式。规范文化产业园区发展，提升产业平台载体能级。推动文旅融合发展，打造更多高品质休闲文化旅游街区和全域旅游示范区（县），争创国家文化和旅游消费示范城市。保护、传承、创新鲁菜文化，打造一批特色美食街区，支持本土美食企业品牌化、连锁化发展，举办标识性强、辨识度高的宣传推广活动，提高泉城美食的知名度和影响力。开展线上线下多形式城市文旅推广活动，搭建对外文化交流和多层次文明对话平台，办好济南国际泉水节，讲好"泉城故事"。培育一批有竞争力的创新型文创领军企业和"小巨人"企业，打造"文化产业名城"。

## 以文塑城 构建青岛东亚文化之都城市品牌节庆活动

青岛市文化和旅游局副局长 许红炜

文化是城市品牌节庆活动的灵魂，城市品牌节庆活动作为重要手段，更加直观地体现了城市文化。青岛充分发挥自然与文化资源的双重优势，致力于打造国际滨海旅游目的地，依托城市特色和知名产品品牌优势，形成了一批具有国际、国内影响力的高品质节庆品牌活动，青岛国际啤酒节、青岛海云庵糖球会、青岛国际帆船周·青岛国际海洋节、青岛国际时装周等在国内外赢得了一定的声誉，展示了开放、现代、活力、时尚的青岛，增强了文化之都城市文化影响力。其中，青岛充分借助国际啤酒节这一平台，有效提升了城市影响力，积极扩展了城市"朋友圈"。

1991年，青岛啤酒入选首届中国十大驰名商标，第1届青岛啤酒节在中山公园亮相，这是一场集经贸、旅游、娱乐为一体的新型节庆活动。从前3届在中山公园，第4届到崂山专门建设的青岛国际啤酒城，到第22届崂山区政府门前的世纪广场，再到第26届开始，金沙滩啤酒城开门纳客。2021年7月16日，第31届青岛国际啤酒节成功开幕，6个会场同时进行、2个区主办相关主题活动，全城欢动持续到8月8日，青岛澳门双城啤酒节同期举办，青岛国际啤酒节实现了从一城到双城、从东海岸到东西海岸、从一个点到多个点的全面开花。如今的青岛国际啤酒节已经成为全城欢动的盛会，节日时尚气质、表现形式、带动作用不断演进和升华，已经成为"青岛啤酒节+城市推广+商旅文化"为主题的国际节会新模式。青岛国际啤酒节传承与发展啤酒文化、营造城市时尚的文化氛围，促进青岛与世界商贸文化友好交流，成为东亚文化之都城市及其他国际友人最喜爱的青岛品牌节庆活动。

## 一、以滨海旅游为契机，整合城市文化资源，赋能文旅产业

青岛国际啤酒节的举办不断推动产业发展，演变为一个包含啤酒、综艺演出、美食等多重元素的旅游"IP"，成为青岛夏季旅游的一个催化剂，成为吸引全世界游客的金字招牌。从1991年第1届，游客30多万人次，到1992年第2届，游客143万人次，再到2019年第29届，游客720余万人次。2020年，西海岸会场仍然有入园游客121.88万人次，星级酒店平均入住率由节前的41%增长至75%，啤酒城周边度假酒店周末入住率达100%，对提振大众消费信心、助力企业复工复产、推动消费市场复苏回暖发挥了重要引领和带动效应，达到了"一城带万店、一城带万户"的办节效果。除了传统销售方式外，2020年采取网红带货拓展渠道，仅2小时累计到访观众600多万人，销售商品3万多件；采取展销展会方式，达成意向成交额3.16亿元。

## 二、以百年工业遗产为基础，创新利用开发模式，占领城市文创制高点

近年来，青岛持续推进"博物馆之城"建设，有注册备案的博物馆106家。青啤博物馆成为青岛工业旅游的典型代表。青啤博物馆是世界五大啤酒博物馆之一，展示百年啤酒文化，保护工业遗产，弘扬工业文明，带动整个中国工业旅游的发展。2019年，青岛啤酒工业旅游接待人数120万人次，旅游收入超1.1亿元，其中文创收入6000万元，远超门票收入，门票一销收入与商品文创的二销收入比例已超过1∶1。2019年，

京东"618"期间，青岛啤酒博物馆文创产品入选京东最受欢迎博物馆文创产品前三名，排名第二，仅次于故宫。2021年6月，青岛啤酒博物馆正式晋级中国品牌300强，以唯一入选的工业旅游品牌身份连续7年引领行业发展。这就是城市品牌活动给文化带来的红利，品牌文化软实力成为城市特色发展的硬支撑。

### 三、以交流互动为抓手，树立城市文化品牌，打造城市名片

近年来，青岛啤酒成了青岛走向世界的媒介，是啤酒文化和品牌情感的双重输出，在国际交流中形成独特的城市名片。国内，全国每年50多个城市举办啤酒节，规模不断扩大，人次不断递增，成为拉动当地经济发展的活力IP。国际上，青岛与日本宫崎签署了合作协议；青岛啤酒节走进了利比里亚首都蒙罗维亚；青岛啤酒与潮流品牌集合店NPC跨界合作，以"百年国潮"的身份亮相纽约时装周。形成了以文化为核心、艺术为媒介、美酒美食为桥梁为主题的城市名片，为青岛打造"一带一路"国际合作新平台贡献力量。

2020年、2021年青岛举办了"国际友人@Qingdao"暨胶东文旅交流活动，邀请日本、韩国等国家的国际友人参与，组织在境内旅居的国际友人走进啤酒节，体验青岛啤酒文化和品牌节庆活动的魅力。青岛因海而生、向海而兴，享有"世界最美海湾"的美誉，相信向全球海洋中心城市迈进的进程中，城市品牌节庆活动必将发挥更大的作用。

# 文化　山水　活力与幸福　长沙城市发展与东亚文化之都创建

长沙市人民政府副秘书长　肖思源

自2017年当选东亚文化之都以来，长沙不断丰富东亚文化之都内涵，着力打造国家创新创意中心、国际文化名城、世界旅游目的地，坚持以文化人、以文兴业、以文塑城，让城市发展更有质量，让城市幸福更有温度。

## 一、文化名城

长沙是国家首批历史文化名城，既有底蕴深厚的湖湘文化，也有热血革命的红色文化。代表性的有马王堆汉墓、三国简牍、岳麓书院、铜官窑、新民学会旧址、湖南第一师范、中共湘区委员会旧址、八路军驻湘通讯处等。长沙坚持在传承中保护，大力保护古城区、古街、古村镇、古寺、古文化遗址，传承和振兴湘绣、湘茶、湘剧、湘瓷等文化遗产；坚持在保护中开发，突出城市功能与历史文明、自然景观与人文景观有机统一，有机更新历史文化街区，在中心城区规划建设历史步道，延续城市历史文脉。

2020年9月17日下午，习近平总书记来到岳麓书院考察，总书记说："岳麓书院我一直有牵挂，它在优秀传统文化中的地位和影响，我很有感触。"总书记在岳麓书院，对每一块匾额、每一副对联、每一条学规、每一枚秦简，都看得很认真、问得很仔细。特别是在讲堂檐前的"实事求是"匾额前，总书记久久端详，问了很多。1917年，湖南公立工业高等专门学校迁入岳麓书院，时任校长宾步程题写了"实事求是"匾额，并确定为学校的校训。当时，青年毛泽东就寓居在岳麓书院的半学斋，可以说，毛泽东同志就是深受湖湘文化影响，深受岳麓书院牌匾上"实事求是"精神的影响。在多次讲话中，习近平总书记指出，岳麓书院是党的"实事求是"思想路线的策源地和有重要影响的地方，多次强调要发扬毛泽东所确立和倡导的"实事求是"思想路线，对于指导全党和全国人民成功踏上全面建设社会主义现代化国家新征程，具有极为重要的意义。

## 二、山水洲城

长沙是风光秀丽的"山水洲城"。山是指岳麓山，地处中心城区、湘江西畔，经过数千年历史的洗礼，岳麓山已成为一座融儒、释、道于一体的文化名山，岳麓书院就是岳麓山最重要、最著名的景点，"藏之大麓面江开，背倚名山纳楚材"说的就是岳麓书院。水是指湘江水，作为湖南的母亲河，湘江滋润了三湘大地、哺育了三湘儿女。2300年前，屈原举杖徘徊于湘江之畔，写下了《天问》《九歌》《离骚》《怀沙》等不朽名著。100多年后，西汉著名的政治家、思想家贾谊"造讬（tuō）湘流兮"，凭吊屈子。800年后，杜甫来到湘江之滨，大发感慨"不见定王城旧处，长怀贾傅井依然"。后来的朱熹、张栻、王阳明、王船山等大儒，将中华民族的历史文脉在湘江之滨进行了很好的传承。洲是指橘子洲，1925年秋，32岁的毛泽东在这里写下了脍炙人口的《沁园春·长沙》，"独立寒秋，湘江北去，橘子洲头，看万山红遍，层林尽染"，最后发出叩天之问，"问苍茫大地，谁主沉浮？"这就是橘子洲的意境。城就是长沙城，作为一座3000多年城名、城址没有改变的城市，长沙可谓历经沧桑终不改、洗尽铅华呈素姿，孕育了"心忧天下、敢为人先"的长沙精神，成为长沙的文化标签、精神载体，沿着湘江、岳麓山相传至今。

目前，岳麓山—橘子洲是国家AAAAA级风景名胜区，免费向市民群众开放，是长沙中心城区集休闲、锻炼、游乐于一体的重要市民活动场所。岳麓山的爱晚亭、橘子洲的青年毛泽东雕像等景点是来长沙旅行最重要的网红打卡点。

### 三、活力之城

长沙的活力体现在"快乐长沙"的城市定位，坚持从历史文化与开放创新体验、民间艺术与街头文化体验等方面展示"快乐长沙"魅力，形成了具有长沙特色的快乐文化，打造了湖南卫视《快乐大本营》《天天向上》等栏目，金鹰电视艺术节等一批知名品牌，深受年轻人的喜爱。长沙的活力体现在朝气蓬勃的创意产业，长沙是世界媒体艺术之都，习近平总书记考察长沙时，专程来到长沙媒体艺术核心区马栏山视频文创产业园，察看文创产品展示，并同青年从业人员亲切交流。马栏山视频文创产业园自2017年12月正式揭牌以来，坚持守正创新，超过1400家市场主体在产业园落地生根，年产值超过400亿元，以影视、出版、演艺、动漫为代表的媒体艺术产业集群迅速崛起。长沙的活力体现在烟火气息浓厚的夜间经济，成功举办以"点亮新文旅夜色最长沙"为主题的"点亮中国夜经济版图"长沙首发站活动，打造了"夜色最长沙"文旅新名片，推出了网友最喜爱的长沙夜游、夜购、夜娱、夜赏4条长沙夜游网红线路，培育了超级文和友、茶颜悦色、橘子洲焰火晚会等知名品牌，成为夜经济版图中最亮的星，获评"2019中国旅游影响力年度夜游城市"。

### 四、幸福之城

长沙是全国百强网红城市、连续4届的全国文明城市、连续13年的中国最具幸福感城市。长沙的幸福感源自低房价高品质。长沙严格落实"房住不炒",坚定不移推动房地产市场平稳健康发展,房价收入比保持在6.4左右,为全国50个典型城市最低,让普通老百姓买得起低价高质的住房,敢于消费,提升幸福感,整个社会更加和谐和美。长沙的幸福感源自民生实事的温暖贴心,长沙市以"一圈两场三道"为龙头,创新民生实事项目建设,2018年至今共建成"15分钟生活圈"438个,市民在步行15分钟范围内就能便捷地享受到20余类公共服务,实现了幸福感在家门口升级。长沙的幸福感源自营商环境的不断优化,长沙全面践行"不叫不到、随叫随到、服务周到、说到做到"的服务理念,全力打造一流营商环境,企业开办1日办结、"零成本",企业办事不出园区,国内外知名企业纷纷来长沙投资兴业,在长世界500强企业达到165家,每年有25万左右的优秀人才选择在长沙创业就业,全市上市公司总数达73家,万人拥有市场主体达1324.3户,良好的营商环境成为文明幸福长沙的闪亮名片。

东亚文化之都为长沙带来了光辉,长沙为东亚文化之都增添了光彩。习近平总书记考察长沙时指出,"于斯为盛"既是指这个地方,更是指这个时代。

# 共建共享　相融相盛　文化之都建设推动城市高质量发展

哈尔滨市文化广电和旅游局党组书记、局长　兰　峰

哈尔滨市与韩国釜山市、日本金泽市一起当选2018年东亚文化之都。4年来，哈尔滨借助东亚文化之都这一金字招牌，推动文化同旅游、时尚、体育、经贸等多产业共建共享、相融相盛，不断让文化"软实力"变成发展"真动力"，为哈尔滨建设世界冰雪文化旅游名城奠定了坚实基础。哈尔滨品牌节庆与文化之都建设相关情况具体如下。

## 一、"一节一会"，名扬天下

冰雪是哈尔滨纯洁而美丽的外衣，音乐是哈尔滨高雅而精致的灵魂，基于冰雪文化和音乐文化而倾力打造的中国·哈尔滨国际冰雪节和中国·哈尔滨之夏音乐会是哈尔滨众多节庆活动中的"双子星"。

哈尔滨冰雪节是冰雪之冠上的璀璨明珠。哈尔滨是我国现代冰雪文化肇兴之地，古来就有"纷纷暮雪下辕门，风掣红旗冻不翻"的激情与豪迈和"国俗有冰嬉，临冬试大观"的风物习俗。1963年，首届冰灯艺术游园会在兆麟公园举办，开始创造现代冰灯艺术，填补了中国乃至世界冰雪造型艺术的空白，翻开了哈尔滨现代冰雪文化新篇章。从1985年开始，倾心打造了中国·哈尔滨国际冰雪节。目前，已经举办了37届，形成了强大的吸引力和传播力，成为世界四大冰雪盛会之一，连续荣获

中国"十大冰雪节庆"之首。近年来,哈尔滨牢记习近平总书记"冰天雪地也是金山银山"的殷殷嘱托,提出"超长待机"理念,把传统的冰雪节向冰雪季延伸拓展,谋划出三大篇章、五大产业、七大主题线路、四百余项活动融合发展的新方位,吸引中国冰雪旅游发展论坛、文化和旅游部数据中心冰雪旅游基地落户哈尔滨,推动哈尔滨从行业领跑者向标准制定者迈进,勾勒出壮美的冰雪画卷,构建起全域冰雪文化新格局。

"哈夏音乐会"是音乐艺术中的饕餮盛宴。中国·哈尔滨之夏音乐会是文化和旅游部与哈尔滨市人民政府共同举办的国家级音乐艺术盛会。自1961年创办以来,已走过60年历程,是中国举办时间最长、届次最多的音乐节。德国、美国、加拿大、奥地利、日本、韩国、以色列、土耳其等37个国家和地区的演出团体相继登上"哈夏音乐会"舞台,勋菲尔德弦乐比赛、国际手风琴艺术周、全国声乐(展演)比赛、全国歌剧(音乐剧)观摩演出、全国优秀音乐剧展演等一系列权威的大型音乐赛事齐聚哈尔滨,逐步奠定了哈尔滨全国音乐基地的地位。近年来,我们把"国家级水平、国际化方向、群众性参与"作为办会方针,实现了专业与业余相结合、高雅音乐与通俗音乐相结合、室内演出与广场演出相结合、文化活动与经贸旅游相结合的目标,极大提升了"哈夏音乐会"的艺术水准,成为重要的城市名片。

## 二、共建共享,相融相盛

哈尔滨荣获东亚文化之都称号后,在文化和旅游部的精心指导下,主动树立国家文化形象,积极融入国家"一带一路"倡议,把闪亮的文化之都品牌和与有着悠久历史的"一节一会"城市名片有机融合,充分发挥平台的聚合效应,着力开展了绚丽多姿的冰雪文化、辽阔壮美的湿地文化、美妙动听的音乐文化、清爽怡人的避暑文化等200余项活动,以东亚文化之都建设为依托,通过冰雪、音乐代言城市,快速提升了城市知名度,让世界了解到哈尔滨是冰雪圣地、生态名城、音乐之城、时尚之都,是"两山"理论的最佳实践地和转化地。

哈尔滨借助"一节一会"推动文化之都城市建设,又以文化之都建设引领城市发展。哈尔滨智慧图书馆建设快马加鞭,博物馆群后来居上,音乐博物馆落成见证百年音韵,音乐学院不断输送高等艺术人才,大剧院、音乐厅流淌艺术气息、彰显大气唯美,成立2年的哈尔滨芭蕾舞团已在业界崭露头角。东亚文化之都哈尔滨文化格局逐渐立体丰满。

### 三、并蒂绽放,赋能城市

"一节一会"与文化之都城市建设借势借力、相互转化,成为哈尔滨经济社会发展的新动能。

产业升级的利器。"一节一会"和"文化之都城市"释放的强大势能不断推动相关产业升级。国际时装周、冰雪电影节、西餐节等时尚活动影响力显著提升;哈尔滨马拉松、国际冰雕比赛等大型赛事声名远播;哈洽会、中俄博览会等经贸活动领军全国;400多处巴洛克、拜占庭、新艺术运动风格的老建筑尽显异域风情;独具特色的老厨家、张包铺等"哈埠菜"味道让来哈游客尽享收获,不虚此行。哈尔滨机场旅客吞吐量持续上升,连续5年位居东北四大机场首位。

美好提质的佳径。围绕文旅节庆和文化之都建设,哈尔滨大力实施城市建设提质工程、文明城市创建工程、人居环境提升工程,强力推进交通整治、美化亮化、设施改善等工作,城市面貌日新月异,太阳岛、伏尔加庄园等景区升级改造焕然一新;酒店群、博物馆群数量更多、服务更优;松浦大桥、阳明滩大桥横跨松江连通南北,城市路网便利畅达;游客满意度不断提升,百姓获得感不断增强。哈尔滨正在乘势拉开"一江居中、南北互动、两岸繁荣"的城市骨架。

城市发展的富矿。旅游节庆和文化之都城市的成功塑造，推进了城市经济发展。每年近1亿人次的游客乐享哈尔滨，哈尔滨国际化程度不断提升，友好城市不断增加，每年冰雪节都吸引40多个国家和地区、100多个城市来哈尔滨参加相关活动，促进人流、物流、资金流、信息流向哈尔滨集聚。节庆活动和文化之都品牌效应不断吸引客商来哈尔滨投资兴业。融创文旅城、波塞冬海洋王国等优质项目落地运营，融创冰雪影都、冰雪大世界四季冰雪等高潜能项目正在建设，亚布力滑雪旅游度假区、北方电竞产业中心等大项目蓄势待发，持续磁吸国内外企业"争过山海关"。

# 打造具有不可复制文化优势的城市竞争力

中共绍兴市委宣传部副部长、市文广旅游局党委书记、局长　何俊杰

绍兴当选东亚文化之都后，通过"坚持文化内涵建设，打造不可模仿文化矩阵""秉持文化承古开新，全力擦亮五张'金名片'"和"坚持文化之都联动合作，共同推进城市常态互动"三个维度，形成了"全面擦亮'东亚文化之都'"名片的绍兴实践。

## 一、坚持文化内涵建设，打造不可模仿文化矩阵

在推进东亚文化之都建设过程中，始终坚持把文化作为绍兴城市最不可磨灭的、最不可模仿的标识品牌来打造，始终秉承"内容为本、特色为王、品牌至上"的理念，立足城市厚重的文化富矿，积极打造具有浙江特色、中国气派、国际视野的品牌文化矩阵。

### （一）创新构筑"一廊三带"π形文态架构

绍兴市委八届三次全会提出了"更高水平打造全省高质量发展重要增长极，加快重返综合经济实力全国'30强'"，围绕这个目标同步提出了"重塑城市文化体系"等四大体系建设。近年来，绍兴在文化方面通过出台、推进实施《绍兴文创大走廊建设三年行动计划（2019—2021年）》和《绍兴"三大文化带"三年行动计划（2020—2022年）》。在

地理架构上，构筑了绍兴文化创新发展"一廊三带"π形文态架构，全面推进了绍兴市文化实力的快速提升。

### （二）以东亚文化之都牵引绍兴古城发展

围绕"绍兴古城"文化集聚区，坚持以"名人文化"为核心，坚持以项目为载体，全力推动绍兴打造不可模仿的文化矩阵。按照"一城一桥三故里"的规划，实施了鲁迅故里、阳明故里、书圣故里的综合保护项目，同时实施蔡元培图书馆及广场、青藤书屋周边综合保护、古城北入口改造提升等项目，形成以古城入口为起点，由阳明故里向古城内辐射到书圣故里、越子城，与鲁迅故里历史街区相呼应的以点带面，连面成片的古城文旅走廊，打造了一批总投资超过200亿元的重大项目。同时，在镜湖新区建设了奥体中心、图书馆、文化馆、科技馆、美术馆、新博物馆、民间博物馆群等一大批现代化的文化体育场馆。自有了"东亚文化之都"这张金名片以后，绍兴文化建设与城市发展达到了新的高度。

### （三）拓展唐诗文化内涵，推动文化新地标建设

2020年，绍兴全市优选推进167个"三大文化带"重大建设项目，其中重点项目92个，计划总投资1639.02亿元。在浙江省编制的《浙东唐诗之路建设三年行动计划》中，绍兴入选18颗"珍珠"（全省40颗），占比45%；列入全省浙东唐诗之路建设项目26个，总投资584.1亿元，分别占到全省的1/3和1/2以上。其中，东浦黄酒小镇、皂李湖—祝家庄文旅综合开发项目、东山文旅综合体项目、珍珠小镇项目、中国唐诗之城项目、天姥山景区开发工程等一批文化新地标项目相继启动，绍兴历史文化不断焕发出新时代的风采。

## 二、秉持文化承古开新，全力擦亮 5 张"金名片"

围绕打造东亚文化之都金字招牌，秉持文化发展承古开新，坚持以文为媒、以文兴城，着力擦亮绍兴"大禹、王阳明、鲁迅、书法、黄酒"5 张文化"金名片"，打造"活力城"、提升"软实力"、塑造"国际范"。

### （一）全力擦亮大禹文化"金名片"

大禹是我们华夏民族奠基立国的一位伟大先祖，也是东亚原始文化共同体的认知象征。作为治水象征的禹王，自古以来就是东亚中日韩三国共同信仰的对象。在东亚共享大禹信仰的底层，贯穿着互联互通的智慧循环。绍兴大禹陵作为全国祀禹的中心，4000 多年来总是俎豆千秋、祭祀绵亘。绍兴在打造东亚文化之都过程中，开启了大禹陵景区提升工程，打造了大禹陵多功能游客中心、双重棂星门牌楼、大禹纪念馆等一系列硬件设施。同时，以大禹文化为纽带，通过举办"2021 年公祭大禹陵典礼""东亚禹迹图绘编启动仪式""'大禹与中国传统文化'国际学术研讨会"等重大活动，加强东亚大禹文化研究交流，逐步将绍兴打造成了国内外禹文化研究的高地，凝聚了大禹文化圈的向心力。

### （二）全力擦亮书法文化"金名片"

书法是中国文化的结晶，是中华文化的鲜活元素。绍兴兰亭作为中外历代书法家仰慕的书法圣地，关于书法的传承千年不衰，关于书法的种类自成流派，关于书法的名人层出不穷，关于书法的故事数不胜数。绍兴在打造东亚文化之都过程中，推进了兰亭文化旅游度假区开发建设，推动重建云门文化高地。同时，举办"兰亭书法节暨中日韩书艺交流活动",吸引了来自日韩两国民间书法名家、学者的参加;活动加强了中日韩书法的研究与交流,创造了充满人文精神的现代时尚生活。

**(三) 全力擦亮鲁迅文化"金名片"**

鲁迅先生是我国文化新军的最伟大和最英勇的旗手,是中国文化革命的主将。他也是日本东北大学历史上第一位外国留学生,在中日两国享有盛名,在世界文坛享有一席之地。2021年是鲁迅先生140周年诞辰,绍兴通过举办"纪念鲁迅先生140周年诞辰座谈会""鲁迅的故乡,我的故乡""纪念《故乡》发表100周年研讨会""华文文学交流活动"等一系列活动,全力擦亮鲁迅文化"金名片"。

**(四) 全力擦亮阳明文化"金名片"**

中国儒家文化作为东方文化构成的主体,在历史上对日韩两国的社会进步、文化传承、文明发展起到了十分重要的作用。"阳明心学"作为儒学的一门学派,受到了中日韩民众的广泛推崇。绍兴作为王阳明的成长地、归葬地和心学发源地,是名副其实的阳明学圣地。绍兴市将继续与国际儒学联合会、中国哲学史学会联合举办"阳明心学大会",进一步擦亮阳明文化"金名片"。

**(五) 全力擦亮黄酒文化"金名片"**

绍兴是"黄酒之都",绍兴黄酒作为绍兴元素乃至中国元素以其低度、温和的特质代表着中国儒家的中庸文化,而使之成为中国黄酒的杰出代表而享誉海内外。绍兴黄酒传承千年的酿酒技艺和独特的魅力,赢得了日韩等海外消费者的青睐。绍兴坚持利用黄酒作为世界三大酿制古酒的品牌优势,通过举办"绍兴黄酒节暨越酒行天下"主题活动,扩大黄酒文化在东亚的影响，提高绍兴作为黄酒之都的国际地位。

## 三、坚持文化之都联动合作，共同推进城市常态互动

在文化和旅游部的指导下，在绍兴"活动年"启动仪式上建立了中国东亚文化之都工作机制。2021年，在这个合作机制框架之下，我们进行了实实在在的文化和城市交流。

### （一）城市戏曲经典荟萃演出获得成功

2021年3月在"'东亚文化之都'·中国绍兴活动年"开幕式上，我们邀请了所有东亚文化之都城市以戏曲的形式参加了"东亚文化之都·绍兴有戏"城市戏曲经典荟萃演出活动，演出获得了巨大的成功。

### （二）与共同当选城市敦煌进行交流互动

为了深化和延续绍兴与敦煌两座城市的缘分，推进两地文旅合作迈向更高水平，同敦煌共同开展了"'东亚文化之都对话千年'绍兴—敦煌文献交流展""诗路·丝路—绍兴、敦煌两地汉唐文物文献展"等系列活动。下一步，两地文广旅游局将继续以东亚文化之都的名义，进一步夯实城市联络机制，联合拍摄文化宣传片，合力提升城市的国际知名度和美誉度，共同助推中华文化的广泛传播。

### （三）构建文化之都城市联盟促进常态化交流

绍兴希望能够在中国东亚文化之都工作机制的基础上，进一步结成东亚文化之都城市联盟，推动城市间的常态化交流，从而助推东亚文化之都文化品牌和文化之都城市建设达到新高峰。

打造东亚文化之都品牌，为绍兴提供了一个巨大的文化建设和城市

发展平台，绍兴市委、市政府高度重视"活动年"活动的开展与举办。高质量开展了"纪念鲁迅140周年诞辰系列活动""中华诗路大会""绍兴国际马拉松""阳明心学大会""绍兴黄酒节暨越酒行天下"等重大知名节庆会展活动。

# 资源 使命 品牌 东亚文化之都与敦煌文化传播

敦煌市文体广电和旅游局副局长 贺雁鸿

敦煌是2021年东亚文化之都当选城市,今天敦煌与各位兄弟城市在美丽的绍兴共同探讨学习、交流互鉴,这也充分秉承了东亚文化之都创建工作的一贯理念。根据会议安排,下面我对敦煌市在创建东亚文化之都文化传播与交流方面的一些做法和体会向大家做简要汇报。

## 一、敦煌文旅资源丰富,交流历史悠久

立足本地资源,突出特色优势。敦煌历史文化悠久,"敦煌"二字取"盛大辉煌"之意。自汉武帝列四郡、据两关以来,已有2100多年的建制史,在古丝绸之路上,它是第一枢纽城市,而今它是首批中国历史文化名城、首批国家对外开放城市、首批中国优秀旅游城市、首批全域旅游示范城市。千百年来,敦煌一直活跃在国际交流文化的舞台上,沉淀了开放包容、崇尚唯美、向善守正的敦煌文化内涵,也孕育出了和平合作、互学互鉴、互利共赢的丝路精神,这是敦煌创建东亚文化之都城市的历史优势。

文化旅游资源禀赋独特。敦煌拥有三大世界文化遗产、两大世界自然奇观、一大著名的国际显学6张享誉世界的名片。三大世界文化遗产是莫高窟、玉门关遗址和悬泉置遗址。两大世界自然奇观是国家级风景

名胜区、AAAAA级旅游景区鸣沙山月牙泉和敦煌世界地质公园雅丹地貌。一大著名的国际显学是敦煌学。特别是莫高窟735个洞窟、2400余件彩塑、4.5万平方米的壁画，是世界上规模最大、内容最丰富的艺术宝库和历史画卷，1000多年来始终散发着照亮人类心灵世界的精神之光，这也是敦煌创建东亚文化之都的深厚文化基础。

敦煌与日韩国家交往源远流长。中国和日本、韩国一衣带水，敦煌与两国城市间的交往由来已久，唐代新罗高僧慧超法师所撰写的《往五天竺国传》出土敦煌藏经洞，被誉为"当代唐玄奘"的日本友人平山郁夫一生到过敦煌70余次。从1994年开始，敦煌先后与日本、韩国多个城市建立了友城关系，开展交流互访。东亚文化之都这一平台让敦煌延续了长久以来三国人民民心相通的优良传统，为敦煌创建东亚文化之都创造了良好的条件。

**二、承继历史使命，加强文化传播**

2019年8月19日，习近平总书记在敦煌调研时指出敦煌文化展示了中华民族的文化自信，要"推动敦煌文化研究服务、共建'一带一路'，加强同沿线国家的文化交流，增进民心相通"。在东亚文化之都城市创建中，敦煌深入贯彻落实习近平总书记的重要指示，不断挖掘敦煌文化蕴含的内在价值理念和文化精神，赓续千年不断的文化根脉，加强研究保护和对外交流，加大敦煌文化传承传播和弘扬力度。我们重点做了四项工作。

第一，始终加强文物研究和保护。敦煌研究院是我国文化遗产保护研究的典范，第三任院长樊锦诗先生被授予国家改革先锋、文化保护杰出贡献的荣誉。为进一步加强文物保护工作，敦煌积极创建文化遗产保护传承创新基地和文化遗产保护国家研究中心，大力推行数字化展示体验工程，不断提升文物保护和研究水平。

第二，大力传播和弘扬敦煌文化。莫高学堂研学敦煌文化已成为经典的案例。与人民大学合作建设文化学院，开设敦煌大讲堂。主动走出去举办敦煌文化巡展，在韩国、日本设立敦煌文化旅游推广中心。开通了海外的脸书、推特等四大媒体平台。敦煌文博会已成功举办4届，"敦煌行"丝绸之路国际旅游节也已连续举办了9届，向世界充分展示了敦煌形象，搭建起了国际交流的平台，讲好敦煌故事、传播好中国声音。

第三，着力营造公共文化共享氛围，不断提升敦煌的公共文化服务设施和水平。敦煌图书馆是国家一级图书馆，日接待读者居甘肃省第一，并在一定程度上实现了主客共用。敦煌文化馆的曲子戏、敦煌舞等群众性的文艺演出、各种讲座和展览也是全年不断，也被称为"百姓的舞台"。

第四，促进文旅融合深度发展。坚持推动朝圣游、乡村游、沙漠体验等10余条精品线路，研学游、户外游、会展游等新兴业态蓬勃发展。《丝路花雨》《又见敦煌》《敦煌盛典》常态化演出，游客观看演出的比例已经占到了40%，这在全国都是比较高的。莫高里工匠村代表了敦煌文旅融合的新业态，游客可以亲身感受当年工匠打造莫高窟的专注和艰辛。

### 三、借助文化之都品牌影响，持续提升城市文化内涵

经过不懈的努力，敦煌成功当选为2021年的东亚文化之都。敦煌坚持秉承东亚文化之都的创建工作理念，积极主动地融入"东亚文化之都联盟"，把闪亮的文化之都招牌和深厚的文化底蕴相结合，加强与日韩国家及国内东亚文化之都城市的交流合作，不断提升敦煌城市文化内涵，力争让东亚文化之都这块金字招牌熠熠生辉。接下来敦煌将重点做好三件事。

第一,更加持之以恒地传承丝路文化和敦煌文化。坚决落实保护第一的原则,最大限度减少人为因素对文化遗产和自然环境的干扰和破坏。充分发挥敦煌研究院、敦煌文物保护中心、敦煌文化学院等机构的作用,汇集培养文化遗产保护顶尖人才,促进文化资源合理开发,通过数字化、信息化等手段更好地弘扬敦煌文化,讲好敦煌故事。

第二,更加坚持不懈地推动城市文化内涵建设。坚持建设艺术城市。依托莫高窟、汉长城、玉门关和悬泉置遗址延续汉代敦煌郡城,以及清代敦煌城的历史文脉打造六大历史文化街区,建设三条由文化元素构成的研学环线。目前,敦煌正在打造全域研学的概念。敦煌艺术城区的布局图,一边是敦煌的郡城,一边是敦煌的县城。第一条研学线路是将敦煌传统景区进行提升,融入更多的文化元素。第二条研学线路是将乡村旅游中的乡村博物馆和艺术民宿连接起来。第三条研学线路就是将世界遗产用图谱的线路连接起来。整个构成了一个"1+3"的敦煌旅游新格局。与此同时,围绕敦煌旅游、敦煌研学、敦煌会展、敦煌舞、敦煌乐重点打造敦煌的十大品牌,让敦煌这座历史文化名城重新焕发艺术的气息和勃勃的生机。

第三,更加坚定不移地促进文化交流互鉴。持续开展国际交流会展、国际学术研讨、国际艺术交流、文旅交融及地方特色活动等系列文化活动,坚持办好丝绸之路、敦煌国际文化博览会、"敦煌行"丝绸之路国际旅游节等品牌节会,不断加强与各友好城市的交流交往,开展与联盟城市的联系合作,不断扩大敦煌文化旅游的"朋友圈",让不同国家和地区的文明和文化因交流互鉴而更加精彩。

# 共识 共享 交流 互鉴 "世界"视野下的温州东亚文化之都创建

温州市文化广电旅游局党组成员、副局长 李方喜

温州因气候温润而得名,是中国改革开放的先行地,民营经济的重要发祥地,是国家明确的东南沿海重要商贸城市和区域中心城市,是全国性的综合交通枢纽城市,现有常住人口957万,陆域面积1.2万平方千米。2020年,全市地区生产总值6871亿元,稳居全国前列,蝉联中国最具幸福感城市,去年温州获评地市级幸福感城市第一名。温州商气浓、文气更浓,是国家历史文化名城,国家公共文化服务体系示范区,拥有中国山水诗发源地、戏曲故里、百工之乡、歌舞之都、中国数学家之乡等多张文化金名片。温州市委、市政府始终坚持把文化作为城市之根、发展之魂、民生之要。习近平总书记提出:不但要成为本土的温州,全国的温州,更要发展成为世界的温州。自2017年申报东亚文化之都以来,温州矢志不渝、坚持不懈、持续发力,不断提升创建工作水平。2019年,成功跻身2020年到2022年东亚文化之都候选城市,2021年5月凭借千年瓯越文化的独特魅力、改革开放创新的澎湃动力,全域文旅融合的巨大潜力以及海内外温州人互动的蓬勃活力等优势,荣膺2022年东亚文化之都。温州的具体做法有以下三点。

## 一、凝聚文化共识，用最高的站位抓推进

强化战略地位。以文化惠民为根本，以推进经济社会的转型升级与和谐发展，提升城市形象与综合竞争力、区域影响力，展示东亚文化的多样性和文化的丰富内涵为目标，以"山海城、世界风"为主题，以实施五大核心工程、构建五大文化区块，打造五大文化基地为抓手，构建全市创建东亚文化之都的"四梁八柱"。

强化一把手推动。成立以市长为组长，23个部门主要负责人为成员的创建工作领导小组，定期召开工作例会，主要领导亲自过问，亲自研究编制创建申报书、申报情况报告、电视专题片等一系列申报材料，确保申报工作取得圆满成功。温州在创建东亚文化之都前，文化基础是小文化，但是在创建东亚文化之都之后，整个工作上升到了大文化和整个温州的城市文化。

强化全方位保障。为了申报东亚文化之都专门成立了对外交流处，财政上专门提供经费支持，同时专门成立了一支人才队伍提供智力支持。

## 二、突出文化共享，用最实的举措促创建

坚持以文铸城，历史名城彰显时代生机。温州有5000年的文明史，2200多年的行政建制史，至今保持着郭璞1700年前设计的"山水斗城"的格局。温州把文化作为提升城市能级的重要支撑，将历史遗存、自然馈赠、现代元素有机融合，打造历史文化街区，让商业古街焕发城市新活力，千年塘河流淌江南新韵味，中国诗之岛江心屿彰显文化新风采。积极抓好非遗的活化利用，在本次创建中，特别把温州非遗进行重点挖掘，成为本次创建的一大收获。通过这次创建，发现温州世界级非遗有4项，居全国第二。温州国家级非遗有35项，居全国第三。温州积极做好

非遗的活化利用工作，浙江省非遗保护发展指数连续居全国第一，温州非遗保存发展指数连续 4 年居浙江省第一，2020 年温州被文旅部列入"非遗在社区"全国试点 8 个城市。

坚持以文惠民，文化浸润群众生产生活。以公共文化服务体系示范区创新发展为抓手，围绕打造高品质生活优选这一主线，持续拓展城市书房、文化驿站建设，匠心打造出一批具有中国气派、浙江辨识度、温州特质的城乡公共文化新空间，各美其美，彰显独特的瓯越人文底蕴和文化内涵。特别是城市书房作为温州原创性文化品牌和自助式 24 小时不打烊的新型公共阅读空间，多次在全国性会议上做典型经验介绍，被 29 个省市的 200 多个城市学习复制，2021 年获得全国唯一全民阅读示范城荣誉。同时，率先开展了文化事业单位法人治理试点，获得中央深改委高度肯定和七部委联合发文推广。

坚持以文塑魂，文旅融合发展做大产业。全面打响了"诗画山水温润之州"品牌，温州入选了国家文化和旅游消费试点城市，获评"长三角最佳文旅融合城市"称号。同时，发挥全国重点侨乡优势，打造"侨家乐"品牌民宿，激活侨商的资本潜力，成为乡村旅游消费的新增长点。温州举办了"青灯市集"全国美学大会，吸引了全国 150 多个城市 18 万名粉丝前来参加，5 天交易总额突破 8300 万元，成为文旅产业新场景、新业态的有益尝试。另外，温州大力发展夜游经济，"塘河夜画"作为中国首部城市记忆主题行进式夜游演出，以光影科技展现温州千年人文风貌。百年风华党史学习教育、瓯江山体光影展亮相央视，生动展现百年大党的光辉历程和伟大成就，持续推动文旅产业成为国民经济的新支柱，2019 年文旅产业占 GDP 比重为 14%。2021 年五一小长假接待游客 648 万人次，同比增长 149%。

### 三、注重文化交融互鉴，温州用最优的理念创亮点和特色

世界温州人是温州走出去的独特优势，温州有着千年对外交流史，是全国重点侨乡。目前，有240多万温州人在外地投资创业，其中175万在国内，70万在国外，足迹遍布全球131个国家，建立了350个海外侨团，形成了一张覆盖全国、连接世界的温州人网络。在创建过程中，温州推出系列文化传播交流项目和载体，将这张网打造成文化传播网、文化交流网，向世界各地传播东亚文化之都品牌。

#### （一）着力扩大对外交流的"朋友圈"

近年来，温州加快实施城市国际化战略，国际友好城市和友好交流城市数量达32个，相继与30余个国家实施文化交流项目100余次。2019年4月，温州文旅交流中心在法国巴黎、意大利罗马、普拉托等城市相继成立，以"借船出海"的新模式积极开展文旅形象推广及宣传交流活动，加入了亚太城市旅游振兴机构成为会员城市，为推动温州开展会员城市间互访、友城建立及交流活动搭建了新平台。温州设立了辐射全球的温州市海外传播基地，每年向全球传播3万余条温州好声音、好故事，极大提升了温州的国际化形象，获得了《人民日报》海外版点赞，全资收购《欧华联合时报》，在德国、法国等13个国家设立分社或记者站，成为欧洲发行量最大的中文报。温州与中国国际广播电台合作，在10多个国家落地播出温州话栏目《魅力温州》《温州人走天下》，累计播出5900余期。建设《美丽温州》英文网站，开通《海外发布》《每日中国》APP和微信账号，形成报、网、微、台的国际传播全矩阵，不断把温州特色的文化品牌、旅游项目推向世界。

## （二）着力用好全球温州人网络圈

温州是一座富有人情味的城市，是一座有温度的城市。温州打造了世界温州人家园，现在有 300 多家港澳台、海外社团驻温的联络处，国内有 31 个省 268 家异地的温州商会的驻温联络处，精准地服务海内外温州人，构筑了世界温州人内外互动、智汇四海、聚力发展的综合平台，成为海内外温州人的情感地标和精神家园，对外展示温州人形象的重要窗口。同时，建成了世界温州人博物馆，以史料、文物、档案资料、实物反映温州人在中国历史进程中的贡献，尤其是改革开放以来取得的成就，将世界温州人创业创新的故事拍摄成电视连续剧《温州一家人》系列，以地名冠以剧名，以剧情展示国情。从 2012 年开始连续在中央电视台黄金时段和国外有关城市电视台播出，成为独特的城市 IP 在全球传播。2017 年 6 月 7 日，在对哈萨克斯坦进行国事访问前夕，习近平总书记发表署名文章《以"温州一家人"为例谈中哈人文交流》。温州也是全国第一个建立公共外交协会的地市级城市，从 2012 年成立以来主办、承办、协办了一系列外交公共论坛、跨境电商高峰论坛、中美文化和经济合作对话会等跨文化交流交往活动，有效发挥了温州海外侨胞和归侨侨眷资源在公共外交中的关键作用。同时，温州组建了"海外传播官"队伍，拓展了五洲文艺志愿者艺术团和海外青年宣讲团，在世界各地传递好中国好声音、温州好声音。另外，温州专门在海外 80 多个国家建立了温州龙舟队，讲好龙的传人的故事。开展了海外万家中餐馆同讲温州好故事活动。利用好《欧华联合时报》这一重要载体。温州人目前在海外创办了华文媒体 47 家和华文学校 70 余所，使 70 万温州籍的海外侨胞成为传播温州文化的媒介和使者。

## (三) 着力搭建共促发展的合作圈

依托温州获批的中国温州华商华侨综合发展先行区、综合保税区、跨境电商综试区、自贸区联动创新区等高能级国家级开放平台，以大平台、大项目推进对外交流合作。温州还举办了世界青年科学家峰会，不仅搭建起了国际科技交流大平台，也有力促进了中外文化交流互动。习近平总书记、联合国秘书长安东尼奥古特雷斯先后发来贺信。同时，温州还连续5届高水准举办世界温州人大会、温州国际时尚文博会、温州国际设计双年展、中国国际网络文学博览会、国际龙舟赛事等系列城市品牌节庆活动，推进经济、科技、创意等领域的引进来和走出去。

# 三、东亚文化之都学术交流

## 文化"求同求异"在"东亚文化之都"旅游发展中的辩证关系

北京联合大学　李柏文　澳门城市大学　宋红梅

东亚文化之都作为东亚地区跨国家的共同文化战略项目，它秉承"东亚意识、文化交融、彼此欣赏"的理念，推进中日韩文化交流与旅游合作，可见文化旅游是东亚文化之都建设与发展的核心内容。从旅游吸引力形成理论来说，一般认为"求新、求异、求奇"是旅游吸引力形成的重要原因，而同质化是旅游吸引力降低或者是导致旅游竞争的主要原因，但事实上"文化求同""文化求异"均可以形成旅游吸引力。"文化求异"形成旅游吸引力符合传统的理论思维，但"文化求同"也能产生旅游吸引力则在一定程度上打破了传统的旅游吸引力形成规律。"文化求同"产生旅游吸引力的内在机制是基于"文化身份、文化认同和文化归属"而产生的文化溯源、寻根、朝觐等旅游动机。最典型案例的是寻根旅游，它引发旅游行为的主要动机是寻找和朝觐共同的先祖文化。比如，日本人寻根往往会寻到云南的普米族等一些少数民族，那是因为普米族与日本人在生活起居、日常用具、语言等方面具有相似性，正是这种相似的或相同的文化会对同类文化人群产生持久的吸引力，并引致相关旅游行为。因此，"求同""求异"是文化旅游发展的两大动力，也是东亚文旅共同体和东亚一体化的两类文化动力，辩证看待和利用"文化求同"与"文化求异"这两类旅游吸引力，对提高东亚文化之都各城市之间的旅游吸引力和凝聚力，以及提高整个区域对外的旅游吸引力具有重要意义。

## 一、东亚文化之都共同文化与共同文化旅游

东亚文化之都发展目标包含了"增强东亚文化共识和包容性，不断培育与发展东亚共同文化，夯实东亚命运共同体建设的人文基础和社会基础"。东亚文化之都设立的宗旨也要求"东业意识、文化交融"，它强调的也是发展中日韩三个国家之间的共同文化与相似文化。只有东亚区域文化共识不断增强，三方拥有的共同文化和相似文化不断壮大，才有利于对域外形成共同文化旅游吸引力，有利于塑造共同的区域旅游品牌，提高区域旅游可持续发展力和国际旅游竞争力，有利于亚洲和平和亚洲命运共同体的形成。当然区域共同文化的形成不是文化的强制输出，而是不同国家和地区人民共同自愿选择的结果，它不同于西方国家以文化输出、文化扩张甚至文化殖民或侵略为目的的文化一体化思维，而是文化的求同、求和思维。对于东亚文化之都来说，城市之间有着太多的相似文化或共同文化，这些文化是历史发展和三国长期交流与合作的结果，也是东亚凝聚力形成的文化基础。发展壮大这些共同文化有利于巩固与推动多边旅游合作，形成区域共同文化旅游产品、共同文化旅游目的地、共同文化旅游线路和共同文化旅游品牌，形成东亚文旅共同体。比如，东亚共同文化有儒家文化、筷子文化、端午文化、服饰文化等，这些共

同的文化均可以合作开发成为"一致对外"的区域共同文化旅游产品，形成独特的区域文化旅游品牌。区域共同文化的形成需要官方和民间相向而行。我们关注到由于政治原因或域外干预，导致了一些地区出现了去共同文化现象。比如，韩国的"汉城"改名为"首尔"等，这显然不利于扩大区域共同文化，不利于形成共同的区域文化心理，并将弱化共同亚洲意识。此外，对于共同文化品牌的"争夺"会产生一定的正面的区域文化竞争效应，客观上会强化并促进区域共同文化的发展。比如，韩国把端午节申报为世界文化遗产，在一定程度上会激起我国对优秀传统文化的珍视，在客观上也坐实了端午节为中韩共同的节日这种共同文化现象，也表明了中韩文化的同源与同根性，但这种竞争在一定程度上也会挑起区域内国家对共同文化利用与开发的无序竞争问题。

## 二、东亚文化之都个性文化保护与个性文化旅游

东亚文化之都要求"彼此欣赏"强调的是保存和保护好各国和各地区（城市）的个性文化。现行的文化交融理论支持文化多元化发展，各民族和各地区（城市）无论强弱和大小都享有拥有本民族和本地区（城市）个性文化的权力，文化不宜也不应该是统一的、一元的或者是一体化的。文化多元化主张在一定程度上是发展中国家为保存自身的弱势文化，用来对抗西方强势文化入侵的策略。从旅游的角度来说，异质化的文化形态是吸引其他文化族群来进行文化观光和体验的重要原因。因此，从旅游吸引力的形成，区内旅游流的形成，以及文化本身生存需求的视角来看，东亚文化之都保存（已经消亡的文化）、保护（面临消亡的文化）和发展城市个性文化形态都显得非常重要。东亚文化之都的个性化文化，在本民族或本地区（城市）来看是一种大众文化，但是如果放在东北亚整个区域内来看，如果它不能成长为共同文化，那么它就成了一

种小众文化，是地方性的，它自身独立存活或发展的能力是相对较弱的，远不如已经获得区域认同的共同文化，因此它尤其需要人们有意识地去保护它和呵护它。

正因为这种民族的、地方的和小众的城市个性文化是相对弱势的，所以它的文化活力和生命力有限。这种文化的归宿一般有三种：要么消亡。要么被勉强地保存。要么获得更新发展。这是文化发展的自我淘汰机制。在人类历史的长河中，有很多文化已经消失了，只留下文化遗迹；还有的文化虽然存在，但是已经失去了活力和生命力，等待消亡或被重新赋予时代价值；当然也有文化能够与时俱进，完成了演化并获得了新的发展。保存和保护这种民族的、地方的和小众的城市个性文化的方法有很多，最惯见的是划定为文物或者文化保护地，这种保存或保护方式意味着文化已经成为"古董"，不再有发展的可能。然而，自文化和旅游融合发展以来，通过旅游不但可以保存或保护这些城市个性文化，甚至可以复活或复兴消失的或正在消失的文化，从而重新获得存在价值、生存的土壤和自我发展的能力，但实事求是地说，旅游对大多数文化只能发挥文化保存或保护功能，很难让已经失去时代价值的文化重新激活。这也表明很多城市个性文化已经失去存在价值，只剩下纯粹的旅游价值，留给后人的只是一种博物馆式的回忆（印记）。东亚地区需要值得保存或保护的城市个性文化主要包括少数民族文化、地方文化、没落的行业（产业）文化、名人文化和历史文化等。其实"共同文化"如果被人为打上国家烙印之后，也有可能从"共同文化"退化为"个性文化"，甚至被人为去除，因而也需要得到保护，为此在东亚文化之都发展中要避免把共同文化政治化和地方化。

### 三、东亚文化之都两种旅游吸引力的辩证关系及协同发展

"文化求同"和"文化求异"均可以成为东亚文化之都旅游吸引力

的来源，它们是既矛盾又统一的辩证关系，也是文化旅游的独特魅力所在。东亚文化之都文化发展基本原则应是"求同""存异""百花齐放、百家争鸣"，它既需要发展共同文化用以支撑共同的区域文化旅游品牌，形成文化旅游发展的合力，也需要发展城市个性文化让区域文化旅游多元而精彩。

共性文化与个性文化并不是"非此即彼"的关系，但理论上二者存在一个"此消彼长"的关系。过度强调"共性文化"可能会弱化"个性文化"；相反，过度强调"个性文化"也会抑制"共性文化"的发展。因此，一方面要以东亚文化之都为载体，不断壮大区域共同文化，通过发展共同文化旅游，夯实区域共同文化基石；另一方面也要遵循文化的自然选择或淘汰与更新规律，形成文化的自然选择与淘汰更新机制，实现个性文化的有效保存以及先进个性文化的迭代与有机更新。也就是我们要清楚地认识：哪些文化是用来保存？哪些文化是用来保护的？哪些文化是用来发展的？还有哪些文化是需要淘汰的？此外，还要防止资本对文化发展的过度干预，把一些无价值的城市个性文化包装成为"昙花一现"的伪文化或假文化。同时，也要防止文化的过度商业化，抬高文化旅游消费的价格，从而让文化旅游脱离民众，成为少数人的特权。

# 发展共同文化旅游　缔造东亚文旅共同体

中国旅游研究院　杨宏浩　贵州民族大学　张红喜

当前，世界格局剧变，保护主义和单边主义上升、全球治理体系遭受冲击已是不容忽视的客观事实，但和平与发展仍然是时代的主题。东亚作为这一变局中的重要支撑力量，正在积极推动区域合作，促进国际文化交流，东亚文化之都品牌推广即是其中的重要举措之一。

## 一、东亚文化之都品牌发展及其价值

东亚文化之都是中日韩三国联合发起的文化城市品牌评选活动和国际文化城市品牌创建工程。自启动以来，东亚文化之都已经产生了6组21座城市。这些城市已经成为东亚文化高地，辐射带动了整个东亚区域文化与旅游事业的繁荣昌盛，推进了亚洲地区一体化进程。东亚文化之都还开展了与欧洲文化之都、东盟文化之都等世界其他"文化之都"之间的交流与合作，并进一步推动了中日韩在国际舞台上的合作，提升了东亚文化的国际影响力和国际地位。东亚文化之都缔造了一张张东亚文化城市新名片，开拓了一个"交流合作、彼此欣赏、文化认同"的亚洲文明对话重要渠道，打造了一个"国之交、民相亲、心相通、情相融"的亚洲命运共同体建设新平台。

作为东亚地区跨国家的共同文化战略项目，东亚文化之都秉承"东亚意识、文化交融、彼此欣赏"的理念，以亚洲和世界胸怀持续展开国际区域文化项目建设和国际文化交流活动，旨在推进中日韩文化交流与旅游合作，增强东亚文化的包容性，扩大东亚文化共识，不断培育与发展东亚共同文化，建设东亚文旅共同体，从而提升以中日韩为代表的东亚文化的亚洲凝聚力，提高东亚文旅在世界的影响力和竞争力，夯实东亚命运共同体建设的人文基础和社会基础。

## 二、"共同文化"及其形成过程

共同文化是区域凝聚力和区域共同体形成的文化基础，是推动区域一体化和全球一体化的内在动力。与共同文化对偶存在的是特殊文化或个性文化。程天放认为可以将文化分成两个部分：一部分是世界性的，一部分是国别性的。我国复古派和折中派从文化成分的视角定义了共同文化，即所谓的共同文化就是人类所共需的文化，也称"基础文化"；特殊文化则是每个民族的特有文化，也称"固有文化"。认为前者是可以变化的，而后者则相对稳固，共同文化和特殊文化两者是平等的，它们之间不存在包含关系，共同构成了整个文化。陈序经也认为需求决定文化，共同的需求形成共同的文化。西方学者雷蒙·威廉斯在《文化和社会》（1958）中指出，"共同文化"是基于生命平等原则的、自由的、贡献式的、有差异性的全体社会成员共同参与的具有创造意义和价值观的漫长过程，一种共同文化的形成包含各种文化结构中的共同责任，参与和支配的规则，其过程是个"充分民主的过程"。可见，共同文化是区域内不同国家和民族基于共同需求并经过群体认同和自愿选择（民主）而形成的文化类型。

由于共同文化基于共同需求，而人类的基本需求是共同的，因此陈序经认为文化在成分上并无差异，仅在时空上表现出一定的差异。这种

"无差异"就是文化的共同性,即主要是指文化形式虽然不同,但文化的内涵确实是相同的或是相通的。比如,中日韩三国的文化形式虽然不同,但均强调"静""和""孝"等文化特质。而相似文化就是具有文化共同性且在文化形式上相似的文化类型。比如,摔跤与相扑、和服与汉服等。

共同文化的形成过程基于共同需求,形成文化的共同性,进而基于文化的共同性形成相似文化,最后经过各国家(地区)或各民族的认同和自愿选择后形成区域共同文化。因此,共同文化与特殊文化(个性文化)并不是截然分割的,某一国家(民族)的特殊文化(个性文化)经过其他国家(民族)认同之后可以成为整个区域或多个民族的共同文化。比如,儒家文化源于中国,但被东亚和东南亚国家主动选择、认可、接受后便成了整个区域的共同文化。相反,日韩的文化被区域内国家认可接受之后也可以上升为区域共同文化。

### 三、发展"共同文化"是东亚文化之都建设的核心使命,也是东亚文旅共同体建设的必由之路

共同文化也可以理解为区域内各国(民族)文化的交集,理论上交集越大区域文化差异越小,而文化共识越强,越有利于区域稳定与和平。如果所有的国家和民族的文化完全趋同,那么理论上就实现了文化的一体化。但在实践中,由于文化的时空差异不可能消除,特殊文化客观上会一直存在,因此文化的一体化是几乎不可能实现的。主观上,各国(民族)在情感上都希望形成自己的文化归宿,因此文化多元化一直是各个国家(民族)文化发展的主流诉求。但从区域稳定与和平的角度来看,不断扩大共同文化是东亚稳定与和平的文化基础。随着旅游在人文交流中的常态化、规模化和大众化,旅游逐渐成为促进文化交流、文化互鉴和文化融合的主要载体,也是扩大区域文化共识,缩小文化差异的主要力量。旅游交流与其他的交流形式相比,它是中立的,政治色彩比较弱,

人们在旅游交往的过程中往往是自愿的、平等的,伴随旅游交往中的文化交流与互鉴是自愿的和相对平等或民主的。因此,发展"共同文化"是东亚文化之都建设的核心使命,也是东亚文旅共同体建设的必由之路。

共同文化认知是东亚文旅共同体的内在基础和纽带。东亚各国在文化上相近相通,经济上互联互惠,安全利益上唇齿相依,存在相对广阔的共同文化认知空间。当前,中日韩三国作为东亚文化圈的核心国家,有着太多的相似文化或共同文化。例如,共同的儒家文化、阳明文化、书法文化、绘画文化、筷子文化、语言文化、端午文化、服饰文化、礼仪文化、武术文化等,这些文化是历史演变和三国长期交流与合作的结果,也是东亚凝聚力形成的文化基础。研究探索这些同源文化中的共性,挖掘其在东亚国家之间的认同功能和文化亲和力,能够增进不同国家之间长期的文化理解,培育和塑造新的区域文化认知。发展壮大这些共同文化有利于巩固与推动多边旅游合作,形成区域共同的文化旅游产品、共同的文化旅游线路和共同的文化旅游品牌,形成东亚文旅共同体。

## 四、发挥旅游交流媒介作用,推动东亚文化之都共同文化的形成

乐黛云认为,人类生活在同一个星球上,必然会面对许多共同利益和共同问题,而这些问题只能在多种不同文化体系之间的平等对话中解决。在后工业社会时代,旅游是各国(民族)文化对话的重要平台,通过发展文化旅游,不断扩大共同文化的"参与性、差异性和动态性"三大特征,同样存在并适用于东亚文化之都及东亚文旅共同体的建设。

首先,要通过旅游提升区域人文交流的规模、频次和质量。目前,中日韩三国互访人次超过1亿人次/年,并且这种文化旅游交流与交往是一种深度的体验式的交流活动,同时也是主要靠市场化力量或民间力量来推动,符合共同文化形成中自愿和民主的原则。

其次，要减少文旅交流中的政治和政策障碍，降低交流成本，提高文旅交流在各国（民族）的覆盖度。文化本质上是民主的，应是所有国家自愿的、广泛参与的创造。任何政治化的或奢侈化的文旅交流与交往，往往仅仅局限于少数政治群体或富有阶层之中，但共同文化形成的真正土壤植根于广大人民群众，文化只有民间的广泛参与和认同，才具有活力和生命力。

再次，促进共同文化旅游发展，塑造区域共同文化旅游品牌。中日韩应在正视文化同源性与同根性的基础上，利用三国的共同文化，开发共同的文化旅游项目、产品和线路，开发共同文化的多目的地旅游品牌，夯实区域文旅的共同利益基石，针对域外市场推出区域共同文化旅游品牌。

最后，形成区域共同文化选择机制。"共同文化"是一个没有具体终点的演进过程，在这个过程中虽然文化是平等的，但是文化还是有先进与落后之别，也有消极和积极之别。因此，区域共同文化的演进过程中要构建一套遴选先进文化和积极文化成为区域共同文化的机制。通过共同文化遴选机制，确保各国家（民族）中优秀、积极的文化能够上升为共同文化。

## "主客关系"视域下东亚文化之都与旅游的融合发展

中央民族大学 李劲松 北京联合大学 王永琴

1985年"欧洲文化城市"的评选,拉开了世界"文化之都"建设的序幕,并成为人类城市发展史上最引人瞩目的全球性现象。"文化之都"在本质上来说,又是全球化下"人与文化"发展的新理念和新实践,其必然涉及全球化语境中"人与人"的关系、"文化与文化的关系"两大核心议题。旅游发展与东亚文化之都建设具有天然的耦合关系,旅游观光和休闲度假是东亚文化之都的基本属性和重要职能。日本学者矶村英一认为文化城市"又多属于观光城市"。[①] 国内学者左大康也认为文化城市是"以宗教、艺术、科学、教育、旅游、文物古迹等文化机制为主要职能的城市"。[②] 这决定了作为东亚文化之都建设发展主体的"人"必然由东道主和游客共同构成,也决定了作为东亚文化之都必然是在东道主代表的本地文化和游客代表的外来文化基础上再构建的交融共享新文化。文化人类学尤其关注"文化的人"和"人的文化"。因此,基于人类学主客关系视角对东亚文化之都与旅游融合发展中的东道主与游客这一"人与人"的关系和对东道主本地文化与游客外来文化这一"文化与文化的关系"进行深入探讨,对推动以东亚文化之都为代表的文化城市相关

---

[①] 王林生. "文化城市"理念的历史语境及理论内涵 [J]. 城市问题, 2014 (4): 22.
[②] 刘士林. 人文城市战略与草原文化复兴 [J]. 开发研究, 2019 (3): 29.

理论的进一步构建及其实践的高质量发展具有重要意义。

## 一、从"客人到家人"——在东亚文化之都与旅游融合发展中构建东道主与游客融合的新关系

"人"是东亚文化之都建设首要解决的核心问题。戴立然在其关于文化城市的研究中认为"现代城市的核心是市,市的核心是人"[①]。索艳琳也认为"从内在要求来看,文化即'人化',文化城市即'人化城市',它以人为核心"[②]。具体而言,人的问题就是东亚文化之都的主体定位问题,即东亚文化之都为谁服务和为谁发展。在文旅融合的大背景下,具有明显旅游属性的东亚文化之都的"人"的主体,毫无疑问既包括作为"我者"的本地人——东道主,还包括作为"他者"的外来人——游客。因此,东亚文化之都建设必须服务于这两大主体,而如何处理好这两大主体的关系并使其融为"一体",则成为解决"人"这一核心问题的关键。在东亚文化之都与旅游融合发展中,这一和谐关系的关键就在于建构"从主客关系到家人关系"。因此,东亚文化之都要实现本地人和外来人的"人"的深度融合,打造"家人"之都,构建"家人"关系。

人类学家最早强调了对"东道主"和"游客"间主客关系进行研究的必要性。1963年,人类学家努涅兹在对墨西哥一个村庄周末旅游的研究中首次提出在分析研究对象时必须考虑主客交往的因素,而"主客范式自1978年史密斯提出后,日渐成为旅游人类学研究的重要范畴"[③],

---

① 戴立然. 城市文化与文化城市的辩证思考[J]. 大庆社会科学, 2001 (6): 17-18.
② 索艳琳. 论城市文化与文化城市的辩证关系[J]. 延安职业技术学院学报, 2014, 28 (6): 30.
③ 李春霞. 好客的东道主:旅游人类学"主—客"范式反思[J]. 广西民族大学学报(哲学社会科学版), 2012, 34 (5): 23.

"在所有的旅游人类学研究案例中,研究的中心应该是主客关系"[①]。在人类学家看来,旅游场域中的主客关系是一种没有情感而为经济和政治力量所支配的"异化"关系。努涅兹指出,东道主与游客关系在市场经济下的非感情和工具性特征,他们之间总是有一种社会距离和社会惯例的不同,而这些东西却不存在于邻里之间、同事之间和老乡之间。[②] 厄里把主客关系置于权利维度中进行探讨,认为"作为'凝视主体'的游客和作为'凝视对象'的东道主居民间体现出权利的操控关系,权利使游客成为'凝视主体',而东道主成为'凝视对象'"[③]。纳什更是从发达国家和地区的旅游者在东道主地区的主导地位这一角度,强调旅游成了一种帝国主义形式,主客关系成为殖民者与被殖民者关系。一些研究也认为,游客也会在主客关系中作为弱势一方,成为"被劫持者"。因此,旅游中主客形成二元对立的常态。

东亚文化之都与旅游融合发展中势必需要突破这一由来已久的藩篱。那么能够超越"主客"关系,而使两者由"二元二体"对立转变为"二元一体"融合的更高范畴的概念是什么呢?笔者认为应该是"家人"这一概念。尽管个别学者关于"主客关系"的研究,已经开始触碰到"家"的概念,例如,李春霞就谈道,"'家'不论是在旅游人类学'主—客'框架里,还是在传统中国'主人—客人'关系中都是关键的节点"[④],但可惜未能再前进一步深入聚焦到"家人"这一关键概念。从

---

[①] 张机,徐红罡. 民族餐馆里的主客互动过程研究——以丽江白沙村为例 [J]. 旅游学刊, 2016, 31 (2): 97.

[②] 瓦伦·L. 史密斯 (Valene L. Smith). 东道主和游客——旅游人类学研究 [M]. 张晓萍,何昌邑,等译. 昆明: 云南大学出版社, 2002: 294.

[③] 约翰·厄里,乔纳斯·拉森. 旅客的凝视 (第3版) [M]. 黄宛瑜, 译. 上海: 格致出版社, 2016: 4.

[④] 李春霞. 好客的东道主: 旅游人类学"主—客"范式反思 [J]. 广西民族大学学报 (哲学社会科学版), 2012, 34 (5): 27.

"客人到家人",是东亚文化之都全面构建东道主与游客的新关系,实现东道主和游客这两大主体的融合,这才是东亚文化之都与旅游融合发展最为核心的任务。没有了主人和客人,只有"家人"的时候,东亚文化之都才能成为"幸福家园"。涂尔干在其著作《宗教生活的基本形式》中为这一融合提供了理论路径,那就是"当主客之间具有相似的家的信念、参与相似家的活动并且存在互动行为,家的情感凝聚就会形成",而"有家的情感的人们就是家人,有家的情感的地方就是家园"①。

## 二、从"多元到一体"——在东亚文化之都与旅游融合发展中打造基于地方性知识的特色文化与全球化文化融合的"文化共同体"

文化是东亚文化之都建设的根基。相关学者对文化城市的概念界定都是围绕着"文化"这一核心概念展开的,并充分强调了文化对于文化城市的核心意义。芒福德在《城市文化》中全面论述了城市发展和文化发展的因果关系。② 戴立然指出:"'文化城市'是动词,特指用那些文化因素'濡化'城市。"③ 刘士林认为:"文化城市核心是一种以文化资源为客观生产对象、以审美技能为主体劳动条件,以文化创意、艺术设计、景观创造等为中介与过程,以适合人的审美生存与全面发展的社会空间为目标的城市理念与形态。"④ 文化作为东亚文化之都建设的根基,关键体现在文化是东亚文化之都的核心资源,而这一核心资源既包括本地独有的地方文化,又包括源于不同客源地以游客为载体的多元外来文

---

① 这是笔者在杜尔干情感凝聚模型基础上,受其启发提出来的。
② 刘易斯·芒福德著,宋俊岭译. 城市文化 [M]. 北京:中国建筑工业出版社,2009 (8).
③ 戴立然. 城市文化与文化城市的辩证思考 [J]. 大庆社会科学,2001 (6):38.
④ 刘士林. 文化城市与中国城市发展方式转型及创新 [J]. 上海交通大学学报(哲学社会科学版),2010,18 (3):16-18.

化。因而，在东亚文化之都与旅游融合发展背景下，如何正确处理东亚文化之都地方性文化与外来游客文化所代表的全球文化的关系，使"地方与全球"文化都能更好地服务于东亚文化之都建设，是必须解决的又一个关键问题。

地方性知识是文化人类学分支学科阐释人类学的重要概念，由美国学者克利福德·格尔茨于20世纪60年代提出，其"既包含有非普遍性、非科学性的知识，也保留那些具有地方特征于特定条件生成的知识"[1]。杨庭硕认为，"地方性知识就是本土知识，指各民族在特定自然、社会环境下与之互动并构建的知识体系"[2]。当前，地方性知识已经成为一种方法论，强调从主位的立场去理解文化，作为对全球化和西方文化的反思，而强调地方文化和非西方文化的独特价值和意义。正如李清华指出，"地方性概念试图表明，每一种文化都具有其独特的、不可替代的存在价值"[3]。

地方性知识为东亚文化之都在与旅游融合发展中，如何处理东道主代表的地方本土文化与游客代表的全球化外来文化之间的关系提供了重要的理论指导，既要在主位的立场上去理解不同的外来文化，又要认识到本土地方性文化的独特价值，增加文化自觉和文化自信。在此基础上以本土地方性文化为根基和特色，积极吸收借鉴外来的全球化多元文化，"各美其美，美人之美"，最终实现从"多元到一体"，成功打造基于地方性知识特色文化与外来主流文化融合的城市"文化共同体"。

综上所述，文旅融合下的东亚文化之都建设，面临着如何处理东道

---

[1] 黄丽萍. 地方性知识的嵌入与本土化民主发展取向[J]. 内蒙古社会科学（汉文版），2011, 32 (5): 6-11.

[2] 杨庭硕，田红. 本土生态知识引论[M]. 北京：民族出版社，2010: 2.

[3] 李清华. 地方性知识与后工业时代的设计文化[J]. 南京艺术学院学报（美术与设计版），2013 (3).

主和游客关系、地方性文化和全球化文化关系两大基本问题,而文化人类学提供的"从客人到家人"和从"多元到一体"的人的融合与文化的融合思路,为东亚文化之都与旅游融合发展提供了有益的理论启示和积极的实践借鉴。

# 日韩东亚文化之都文旅融合经验及其启示

北京联合大学　罗东霞　刘　敏

中日韩三国共同发起的东亚文化之都建设,对推动经济全球化和区域一体化以及促进文化交流与传承、带动相关产业发展方面具有重要意义。自2020年以来,中国东亚文化之都的申报条件在已有的文化传统、文化硬件设施、文化软件发展、公共文化服务等7个方面基础上,增加了文化和旅游相融合的内容。随着全域旅游的建设和旅游业的发展,东亚文化之都可以进一步传承东亚文化多元化与悠久性,以文化带动城市发展。

## 一、东亚文化之都文旅融合发展的意义及可行性

东亚文化之都对加强东亚区域文化合作,推动城市文化建设,文化交流和文化外交的意义远大于发展旅游的意义。但文化交流与旅游活动密不可分,跨国文化交流活动必然带来人员跨国移动,进而促进跨国商务旅游、文化旅游等旅游活动发展。东亚文化之都发展文旅融合旅游,可以促进东亚地区人员互访交流,使东亚乃至全球游客深度感受中华文化,提升中国在亚欧及全球的文化影响力。

东亚文化之都文旅融合发展具有可行性。首先,政府机构改革为文旅融合提供组织基础和制度保障。2018年,原文化部和原国家旅游局合

并为文化和旅游部，在"宜融则融，能融尽融，以文促旅，以旅彰文"工作思路指引下，文化和旅游的融合发展有了落地的基础。其次，东亚文化之都文化传统、文化场馆等硬件设施建设、文化产品和服务等软件发展、非物质文化遗产保护与传承、文物保护与利用等有利于以文化资源为核心的旅游产品供给体系建设。最后，东亚文化之都建设要求地方政府为发展文化事业以及开展对外文化交流提供资金保障，在评审标准中更是要求入选城市以"东亚文化之都（+城市名）"为主题举办各类文化活动，促进文化和旅游经济发展。

## 二、日韩东亚文化之都文旅融合发展经验

日本和韩国作为亚洲的发达国家，旅游业发展的市场化程度高，旅游基础设施及公共服务水平较高，有较为成熟的国际旅游运营经验。日韩的东亚文化之都在文化与旅游融合发展方面积累的经验可供学习。

日本京都是千年古都，文化旅游资源丰富，于2017年入选东亚文化之都。京都城市文化与旅游融合发展的经验主要包括。其一，核心文化资产具有文化资源和休闲旅游资源双重属性。京都的世界文化遗产古京都历史古迹包括清水寺等17座历史建筑。这些神社和寺庙都非常注重园林造景，精巧细腻，采用独具日本特色的园林形式，枫、樱等自然植物元素融入其中，使访客在了解古京都文化的同时亦能在自然之中放松身心。其二，将仪式型非物质文化遗产发展为旅游节庆活动。京都祇园祭成功列入世界级非物质文化遗产，每年7月开展长达一个月的祇园祭彩车巡游等系列祭祀活动，吸引全球游客。其三，在承袭传统文化的同时也发展现代文化，以文化创新和活力吸引游客。除祭祀、歌舞伎表演这些古京都文化代表之外，二次元文化以其创造力和独特魅力吸引全球青年游客。京都动画公司创造了一系列深受年轻人喜爱的动漫作品，同时

京都也是宫崎骏经典动画作品的取景地，吸引喜爱二次元文化的年轻游客前来打卡。其四，发展多样化的文化衍生商品，促进旅游购物。除龙猫、柯南等经典动画的周边文创商品之外，宇治抹茶、西阵织等饮食类、服饰类文化产品深受游客欢迎。其五，注重旅游公共服务。京都附近有关西、大阪国际机场，市内景区之间公共交通便利，公交、地铁均出售京都观光一日票或两日票，游客也可以在自助机上购买交通充值卡等。市容市貌干净整洁，公共厕所内配有全自动马桶，使游客可以在京都全域范围内自由、舒畅地旅行及购物。

韩国济州市于2016年入选东亚文化之都，其济州岛是世界自然遗产、世界地质公园和生物圈保护区所在地，旅游资源丰富。济州市文化与旅游融合发展的经验主要包括。其一，积极向联合国教科文组织申报非物质文化遗产，并将非物质文化遗产转变为旅游产品。目前，济州的七头堂灵登神跳、海女文化已列入世界非物质文化遗产名录。七头堂灵登神跳是一种祈福安康与渔业丰收的大型季节性传统民俗活动，现已转化为面向游客的文化体验产品。海女文化体现女性契约、勇敢、反抗等文化精神，现已转化为海女博物馆等旅游目的地。其二，众多的博物馆及美术馆体现文化的多元性及创意性，既有展现传统文化的民俗自然史博物馆、海女博物馆等，也有展现现代艺术和文化的济州道立美术馆等，更有泰迪熊博物馆等有趣、好玩的主题博物馆，满足游客不同层面的文化需求。其三，将旅游与韩流影视文化相结合，经典韩流影视作品的取景地成为游客的打卡胜地。其四，运用四季节庆及赛事活动吸引游客。春季樱花节，夏季国际铁人赛，秋季汉拿文化节，冬季汉拿山雪花节等节庆及赛事活动使济州在四季均有吸引游客的节庆热点。其五，注重生态环保，大力推广新能源汽车，分时分类倾倒垃圾，为游客提供良好生态环境。其六，发展信息技术产业，并将其文化与旅游相结合，使游客实现智能观光。

## 三、日韩经验对我国东亚文化之都建设的启示

第一，我国东亚文化之都应更积极地向联合国教科文组织申报世界文化遗产、文化景观遗产以及非物质文化遗产项目，以世界级遗产吸引国际游客。目前，已入选的7座城市中，仅西安有2项世界文化遗产，而日、韩入选城市中，日本的京都、奈良，韩国的济州、仁州等多个城市都有世界级文化遗产，这与日、韩两国政府重视申报且持续申报有关。世界级文化遗产不仅吸引亚洲游客，也吸引欧美游客前来观光，提升中国东亚文化之都整体作为旅游目的地的品牌形象。因此，中国的东亚文化之都应研究联合国教科文组织关于世界文化遗产的入选标准，挖掘文化遗产的潜力，凝练文化价值，必要时可与其他城市或地区的文化遗产项目打包申报。

第二，做好非物质文化遗产的活化和利用工作，推动其向旅游产品和活动转换。例如，韩国济州依托非物质文化遗产"海女文化"，建立海女博物馆，使游客从海女精神中得到心理能量。中国的东亚文化之都应发掘那些最能与当代民众精神气质相联结的非物质文化遗产，将其转变为符合市场需求的旅游产品，使游客得到艺术审美、文化教育、心理治愈等方面的丰富体验。

第三，发展文化的多元性，不仅要注重对优秀传统文化的传承和保护，也要发展符合青年人审美偏好和心理特点的潮流文化，吸引青年游客。日本的二次元文化，韩国的K-POP文化及影视文化吸引全球青年前往朝圣。中国东亚文化之都可以进行文化分区建设，将优秀传统文化与潮流文化分区，形成集聚效应。例如，已入选东亚文化之都的湖南省长沙市，在娱乐文化产业方面独具优势。长沙市可以依托湖南卫视、芒果

影视资源，发展影视形象及动漫 IP 形象主题馆、偶像周边商品店、主题艺术馆及博物馆等青年人喜爱的文化旅游产品。

第四，将文化节庆活动常态化，加强对文化节庆活动的品牌营销，吸引境外游客。文化节庆活动很具有仪式感，且能吸引大量游客参与。中国东亚文化之都可以发展或恢复中国传统节日庆祝的一些仪式和程序，设计一些表演性的或游客参与性强的庆祝活动，并将这些文化节庆活动常态化、制度化、品牌化，擅于运用 YouTube 等全球性社交媒体进行境外宣传，吸引日、韩游客及其他国家游客。

第五，提升文化和旅游融合发展的公共服务水平，按国际标准提供信息、交通等旅游公共服务。市内各种文化场馆既面向本地市民，也向全球游客开放；面向游客做好文旅融合旅游发展的信息服务工作，游客可以在旅游 APP 上便利地找到城市文化设施资源，得到旅游景区、酒店、交通、餐饮等信息指引，并在 5G 技术支持下通过社交软件即时分享旅游内容视频；在城市内设立旅游问讯点，服务人员熟练掌握城市文化场馆、文化遗产信息，为游客介绍文化设施和景点；城市内外交通设施完善，尤其接驳游客于主要文化场所之间的交通便利、有序；严格执行垃圾分类处理，发展电动汽车等新能源汽车，鼓励游客及居民低碳出行。公共服务水平的提升使东亚文化之都成为绿色、卫生、宜居、便利、有文化美感和魅力的城市，吸引更多游客前来观光。

# 后　记

　　由中日韩三国文化部长会议发起的东亚文化之都项目已经走过了 10 年历程，在文化和旅游部的主导下，中日韩三国的东亚文化之都工作开创了东亚文化交流的新格局。本书主要根据在东亚文化之都市长论坛上，各城市的市长、宣传部部长、文旅局局长等发言人的录音，以及"东亚文化之都、欧洲文化之都、东盟文化之城文明对话"会议上的专家发言整理而成，其中编者对部分文字做了整理、归纳和润色，并结合各城市"十四五"规划对部分内容进行了丰富和完善。本书由文化和旅游部国际交流与合作局原一级巡视员、北京联合大学旅游学院张西龙教授、中央民族大学李劲松教授等组成的专家团队经过一年的努力方得以付梓，得到了国际交流与合作局谢金英局长、王新明处长、禹敏处长，以及杨俊、张若恩、米瀚等同志的大力支持与帮助，它凝聚了为东亚文化之都事业奋斗的城市、企业、专家学者等的汗水与智慧，见证了东亚文化之都的成长。书中的数据主要是引自各城市当年的数据，文中领导职务以时任职务为准。因时间仓促，难免存在不当之处，敬请批评指正。

　　本书是国家对外文化交流研究丛书之一，扉页"东亚文化之都"系原文化部蔡武部长所题，文化和旅游部国际交流与合作局、绍兴市文化广电旅游局，北京联合大学旅游学院、亚洲旅游综合研究院、亚洲文旅纵横网等部门与机构给予了大力支持，在此一并表示感谢！